D1729945

MARIE VON
MALLWITZ

Die Dranbleib-Kette

Beruht auf einer Idee von Jerry Seinfeld

Jerry Seinfeld hat vor etlichen Jahren die „Dont´break the chain"-Methode entwickelt. Diese Technik half ihm dabei, sich als Comedian weiterzuentwickeln und besser zu werden, weil er kontinuierlich jeden Tag an seinen Sketchen arbeitete. Wir haben uns davon inspirieren lassen und zur „Dranbleib-Kette" für 100 Tage weiterentwickelt.

1. Tun Sie jeden Tag etwas für Ihr Ziel
2. Streichen Sie an jedem dieser Tage ein Kettenglied durch, malen Sie es aus oder machen Sie ein Kreuz – was Ihnen am besten gefällt.
3. Lassen Sie die Kette nicht abreißen!

Nutzen Sie diesen einfachen aber wirkungsvollen kleinen Trick! Schon nach wenigen Tagen werden Sie die Motivation spüren, die dadurch entsteht.

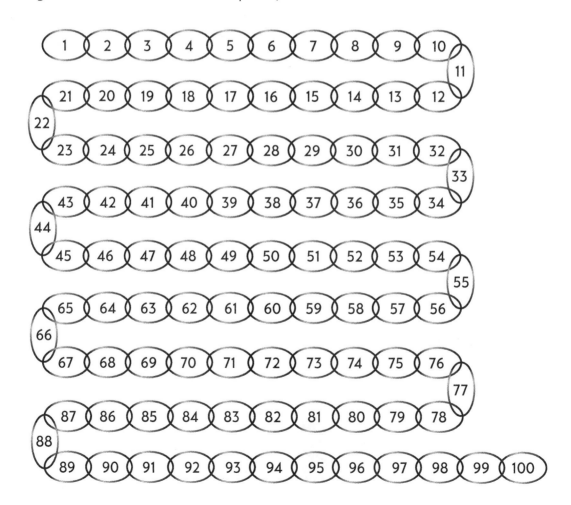

MONIKA SCHEDDIN
BARBARA VON GRAEVE

DAS SCHAFFST DU LOCKER!

MIT LEICHTIGKEIT
IN 100 TAGEN ANS ZIEL

Informationen zum Verlag und seinem Programm unter:
www.marie-von-mallwitz-verlag.de

2. Auflage September 2019
Marie von Mallwitz Verlag
© 2019 Marie von Mallwitz Verlag
Bildrechte: S. 22 Barbara von Graeve, S. 8 Jurate Jablonskyte,
Cover, S. 9 Shutterstock
S. 16 ff. Stift, 29 ff. Sonne, Mond Gabi Gyulai
Covergestaltung und Layout: www.reisserdesign.de
ISBN 978-3-946297-11-6
Printed in Europe

Inhalt

Einleitung

Herzlichen Glückwunsch! Sie haben sich dieses Arbeitsbuch gekauft, weil Sie einen großen Wunsch, eine Idee oder ein Ziel haben. Weil Sie fest daran glauben, dass dieser Wunsch Wirklichkeit werden kann.

Vielleicht haben Sie genau diesen Wunsch schon ein Mal oder auch öfter verfolgt, doch Sie sind nicht am Ziel angekommen. Das ist nur allzu menschlich, denn wir haben »so nebenbei« ein pralles Leben mit vielfältigen Aufgaben und Verpflichtungen zu absolvieren und Veränderungen (darin) vorzunehmen, erfordert Anstrengung. Für unser Gehirn ist es leichter und bequemer, das zu tun, was wir schon immer getan haben, denn Gewohnheiten geben uns Sicherheit und kosten keine Extra-Energie. Und es finden sich immer gute Gründe, einen Extra-Aufwand wieder einzustellen: zu wenig Zeit, andere Dinge sind jetzt dringender, immer wieder neue Hindernisse …

Es ist ziemlich egal, ob Sie es Wunsch nennen oder Traum oder Ziel – wichtig ist, dass Sie sich über eines klar werden: **ES GIBT NUR EINEN MENSCHEN, DER IHREN WUNSCH WAHRMACHEN KANN: SIE!**
Denn seien wir mal ehrlich – bei den meisten von uns ist kein Prinz auf einem Schimmel in Sicht, oder?

Es gibt viele verschiedene Arten von Zielen: große und kleine, langfristige und kurzfristige, berufliche und private. Welches Sie auch immer haben – ein Traumjob, regelmäßiger Sport, die Selbstständigkeit, ein Sabbatical mit Weltreise, Expertenstatus in Ihrem Fachbereich erlangen, Ihre Wohnung ausmisten, ein Buch schreiben, zehn neue Kunden gewinnen, sich eine gesunde Ernährungsweise aneignen, mit dem Rauchen aufhören, die Beförderung, eine Fremdsprache lernen –, Sie werden Ihr Ziel nicht erreichen, wenn Sie so weitermachen wie bisher.

Wagen Sie Neues! Holen Sie frische Ideen in Ihr Leben! Und vor allem: Kommen Sie ins Tun! Denn der erste Schritt ist oft der schwerste. Also: Der perfekte Zeitpunkt war vor 20 Jahren. Der zweitbeste ist genau heute.

Warum 100 Tage? Weil wir im Schnitt so lange brauche, bis wir neue Gewohnheiten angenommen haben. Und weil Sie sich ja mit ihrem Ziel etwas Neues vorgenommen haben, braucht es dafür neue (gute) Gewohnheiten.
Die Kritischen unter Ihnen werden jetzt anmerken, dass man in 100 Tagen nicht lernen kann, perfektes Französisch zu sprechen. Da haben Sie natürlich recht. Aber Sie werden sich wun-

dern, wie viel Sie in 100 Tagen erreichen können. Und Sie werden sich in 100 Tagen ange-wöhnen, jeden Tag etwas für Ihr Französisch zu tun. Und diese Gewohnheit wird Sie weiter begleiten, bis Sie es können. So einfach ist das!

Und genau deshalb haben wir dieses Arbeitsbuch geschrieben. Es soll Sie dabei unterstüt-zen, Ihr ganz persönliches Ziel zu erreichen. Mit Inspiration und Motivation, mit genialen Anregungen und hilfreichen Strukturen. Das Buch ist so aufgebaut, dass es Ihnen leicht fällt dranzubleiben und dass es Ihnen Spaß macht, es jeden Tag aufs Neue aufzuschlagen.

Legen Sie noch heute los!

Wir sind mit Freude Ihre 100-Tage-Coaches!

Ihre

Barbara von Graeve   Monika Scheddin

ÜBER DIE AUTORINNEN

Monika Scheddin
weiß aus ihrer 25-jährigen Coachingtätigkeit und aus eigener Erfahrung: Die ersten 100 Tage einer Challenge sind die schwersten. Egal, ob es sich dabei um die Herausforderungen in einer Führungsposition oder um ein neues Buch handelt. Sie kennt aber auch die Kniffe und Tricks, mit denen man der Versuchung widersteht, in alte Verhaltensmuster zurückzufallen oder einfach aufzugeben.

Barbara von Graeve
hat in ihrem Leben schon einige große Ziele erreicht: eine Abteilung vom Cost- in ein Profitcenter umgewandelt sowie einen Verlag von Null aufgebaut. Und den schwarzen Gürtel in Taekwondo gemacht. Die Soziologin und Mutter von zwei kleinen Diven musste dafür manchmal auch einen Umweg nehmen. Ihre Grundausrüstung: eine große Portion Motivation, Ehrgeiz, Gelassenheit und viel Humor.

Wofür Schwierigkeiten gut sind

Ein Mann beobachtete seit längerer Zeit einen Kokon. Eines Tages bildete sich eine kleine Öffnung. Der Mann beobachtete den zukünftigen Schmetterling für mehrere Stunden, wie dieser kämpfte, um seinen Körper durch das winzige Loch zu zwängen. Doch irgendwann ging offenbar gar nichts mehr voran. Es schien, als ob der Schmetterling so weit gekommen war, wie es ging, aber nun aus eigener Kraft nicht mehr weitermachen konnte.

Also beschloss der Mann, ihm zu helfen. Er nahm eine Schere und schnitt den Kokon auf. Der Schmetterling kam dadurch sehr leicht heraus. Aber er hatte einen verkrüppelten Körper. Er war winzig und hatte verschrumpelte Flügel. Der Mann beobachtete das Geschehen weiter, weil er erwartete, dass sich die Flügel jeden Moment öffnen und ausdehnen würden, um den Körper des Schmetterlings zu stützen und ihm Spannkraft zu verleihen. Aber nichts davon geschah. Stattdessen verbrachte der Schmetterling den Rest seines Lebens krabbelnd mit einem verkrüppelten Körper und verschrumpelten Flügeln. Niemals war er fähig, zu fliegen.

Was der Mann in seiner Güte und seinem Wohlwollen nicht verstand, war, dass der begrenzende Kokon und das Ringen des Schmetterlings, sich durch die winzige Öffnung zu zwängen, notwendig – der Weg der Natur – sind, um Flüssigkeit vom Körper des Schmetterlings in seine Flügel zu befördern. Dadurch wird er auf den Flug vorbereitet, sobald er seine Freiheit aus dem Kokon erreicht.
Manchmal ist das Ringen genau das, was wir in unserem Leben benötigen. Wenn wir durch unser Leben ohne Hindernisse gehen würden, wären wir nicht so stark, wie wir sein könnten, und niemals fähig zu fliegen.
(Verfasser*in unbekannt)

Die sechs Phasen bis zur Zielerreichung

1. Entscheiden Sie sich für ein Ziel.

2. Verfassen Sie Ihre ganz persönliche Zielbeschreibung.

3. Planen Sie Ihre wichtigsten Schritte bis zur Zielerreichung. Überlegen Sie sich bei langfristigen Zielen Etappenziele.

4. Kommen Sie ins Tun. Machen Sie den ersten Schritt aus Ihrem Plan. Besorgen Sie sich die Mittel, die Sie benötigen und setzen Sie alle Hebel in Bewegung. Suchen Sie sich dabei Unterstützung. Gehen Sie auch ungewöhnliche Wege. Lassen Sie sich auf der einen Seite nicht von Ihrem Ziel abbringen, bleiben Sie auf der anderen Seite offen für Feedback und Kritik.

5. Überprüfen Sie Ihre Fortschritte, korrigieren Sie den Kurs, wenn nötig. Verstärken Sie das, was funktioniert. Ändern Sie das, was nicht funktioniert.

6. Wenn Sie Ihr Ziel erreicht haben: Feiern Sie kräftig und genießen Sie Ihren Erfolg! Kaufen Sie sich zum Beispiel etwas unanständig Teures. Machen Sie eine Flasche Rosé-Champagner auf. Gehen Sie mit allen an Ihrem Erfolg Beteiligten richtig schick essen. Gönnen Sie sich eine Belohnung!

Die Sache mit der Willenskraft

Wenn wir ein Ziel erreichen wollen, fährt uns oft unsere Willenskraft in die Parade, beziehungsweise ihr Gegenspieler, der Schweinehund. Deshalb haben wir hier ganz kurz und knapp zusammengefasst, wie das mit der Willenskraft funktioniert und wie Ihnen ganz kleine Tricks beim Durchhalten helfen können.

1. Bis 2015 nahm man noch an, dass Willenskraft in einer bestimmten Menge vorhanden ist und mit jeder Aufgabe, die Selbstdisziplin erfordert, »verbraucht« wird und dementsprechend für die darauffolgende Aufgabe weniger Willenskraft zur Verfügung steht. Mittlerweile geht die Psychologie davon aus, dass Willenskraft sogar trainiert werden kann, zum Beispiel durch Meditation. Oder durch ganz kleine Überwindungen, zum Beispiel wenn wir die Treppe nehmen statt des Aufzugs oder wenn wir zum Apfel greifen statt zum Schokoriegel.

2. Wir müssen weniger Willenskraft aufwenden, wenn wir Gewohnheiten entwickeln. In der Gewöhnungsphase an die neue Gewohnheit (ca. 100 Tage) ist Willenskraft allerdings extrem hilfreich, um sich von einem spontan auftretenden Impuls oder einer Emotion nicht aus der Bahn werfen zu lassen.

3. Bei Konfliktsituationen zwischen Kopf (Logik) und Bauch (spontane Bedürfnisbefriedigung) ist es zielführend, sich den zukünftigen, angestrebten Zustand vorzustellen, um eine nachhaltige Entscheidung zu treffen. Oder sich die Frage zu stellen, was schlimmstenfalls passieren würde, wenn Sie so weitermachten wie bisher beziehungsweise nichts täten.

4. Jeder noch so kleine Erfolg, wenn wir eine Arbeit zu Ende bringen, anstatt uns mit einer Tüte Chips auf die Couch zu legen, steigert das Gefühl der Selbstwirksamkeit: Ich kann das! Ich schaffe das!

Klarheit gewinnen

Wir können uns alles Mögliche wünschen, aber wenn wir nichts tun, dann tut sich auch nichts. Bevor wir damit anfangen, irgendetwas zu tun, sollten wir uns darüber klarwerden, wo genau wir hinwollen. »Ich wünsche mir einen neuen Job.« Fein, und was für einen? Position, Branche, Stadt? Gehalt, Unternehmensgröße, Einstiegsdatum? Bevor wir uns auf den Weg machen, sollten wir das Ziel kennen. Sonst können wir auch nicht wissen, wann wir es erreicht haben.

Klarheit über die folgenden Punkte ist an dieser Stelle hilfreich.

Beantworten Sie die Frage nach dem Warum.

Um ein Ziel wirklich erreichen zu wollen, brauchen wir einen richtig guten Grund. Die Antwort auf die »Warum-Frage« ist eine kraftvolle Motivation auf Ihrem Weg zum Ziel. Denn das Warum entlarvt oft das Ziel hinter dem Ziel. Wenn Sie zum Beispiel die längst fällige Gehaltserhöhung erreichen wollen, wird die Antwort auf die Frage, wofür Sie das zusätzliche Geld verwenden wollen, Ihr Antreiber sein (ein simples »mehr Geld bekommen« ist für die meisten keine große Motivation). Wenn Sie sich eine Beförderung oder einen neuen Job wünschen, beantworten Sie die Frage, warum Sie diesen Job unbedingt wollen. Ist es der beste nächste Schritt auf der Karriereleiter? Wollen Sie unbedingt für diese eine Chefin arbeiten? Warum wollen Sie für diese Chefin arbeiten? Vielleicht, weil sie ein tolles Rolemodel ist und Sie viel von ihr lernen können? Warum …

Wenn Sie dieses Spiel bis zum Ende spielen (den meisten reichen drei bis fünf Warum-Fragen dafür), sind Sie Ihrem Warum auf den Grund gegangen. Und egal, um was es geht, der Grund für unser Tun muss uns klar und wichtig sein, damit wir an unserem Ziel dranbleiben.

Formulieren Sie Ihr Ziel positiv.

»Ich möchte nicht länger in der Masse untergehen« ist kein Ziel, aber ein guter erster Schritt, wenn Sie formulieren, was Sie stattdessen wollen. »Ich will, dass unser Geschäftsführer meinen Namen kennt und weiß, was ich tue« wäre zum Beispiel ein positiv formuliertes Ziel. Ein »hin zu« ist immer besser als ein »weg von«.

Definieren Sie Ihr Ziel präzise.

Ziele werden erst dann zu echten Richtungsgebern und helfen uns, unsere Energie zu fokussieren, wenn sie konkret und präzise sind. Damit ist auch »Ich möchte viel Geld verdienen« kein Ziel, weil nicht definiert wurde: Was genau heißt das in Euro für mich? Und wann verdiene ich die gewünschte Summe? Legen Sie ruhig schon mal Monat und Jahr fest, bis wann Sie dies erreicht haben wollen.

Beschreiben Sie Ihr Ziel als eigene Aktivität.

»Ich will, dass man mir endlich größere Projekte gibt« ist ebenso kein gutes Ziel, weil jemand anderer etwas dafür tun muss, damit Sie es erreichen. Beschreiben Sie Ihr Ziel als eigene Aktivität und definieren Sie genau, welches das Projekt Ihrer Begierde ist. Schreiben Sie dann auf, was genau Sie tun können, um sich die Projektleitung zu holen.

Stellen Sie sich bildlich vor, was Sie erreichen wollen.

Stellen Sie sich vor, wie es ist, wenn Sie Ihr Ziel erreicht haben. Zum Beispiel das Ziel »Ich bin am 2. Januar 20xx im Stande, brillante Reden vor 150 Managern zu halten«. Sie können sich bereits in dieser Rolle sehen, wie Sie auf einer großen Bühne stehen, die aufmerksamen Gesichter, die Lacher auf Ihre Pointen hören, den Erfolg schmecken, die Situation genießen und sich bei dem Gedanken daran richtig gut fühlen.

Bleiben Sie bei Ihren Einschätzungen selbstkritisch.

Das soll Sie überhaupt nicht davon abhalten, herausfordernde, für Ihre derzeitige Perspektive vielleicht größenwahnsinnig erscheinende Fernziele zu definieren! Aber fassen Sie für Ihren Marathon zum großen Ziel auch moderate, nicht zu große und nicht zu kleine Etappenziele ins Auge.

Vielleicht erkennen Sie schon heute Ihr Potenzial für eine Vorstandsposition. Das ist definitiv ein herausforderndes Ziel. Etappenziele nach dem Studium könnten sein: konstante Pflege der Alumni-Club-Kontakte, zwei Jahre Auslandsaufenthalt, Fortbildungen fachlich und persönlich, die erste Führungsposition erreichen, Eintritt in den Fachverband, Jobwechsel, Aufstieg, Jobwechsel, Aufstieg, sich einen Namen machen und gefragt sein.

Setzen Sie sich feste Termine.

Wichtig ist es zudem, bereits im Vorfeld festzulegen, wann ein Ziel erreicht sein soll und anhand welcher Kriterien sich dies überprüfen lässt. Feste Termine mobilisieren wesentlich kraftvoller als Unverbindliches wie »Nächstes Jahr, wenn nichts dazwischen kommt …«. Ein Ziel mit einem festen Termin lautet zum Beispiel: »Beim Silvesterlauf 20xx laufe ich die 5 Kilometer in unter 30 Minuten« oder »An meinem 49. Geburtstag, also am 10.10.202x, ist mein erster Roman in einem renommierten Verlag erschienen.«

Legen Sie fest, wann Sie ihr Ziel erreicht haben.

Ein Gipfelkreuz signalisiert eindeutig, dass man am höchsten Punkt des Berges angelangt ist. Auch für Ihre Ziele sollten Sie ein solches Zeichen definieren: »Woran erkenne ich, dass ich mein Ziel erreicht habe?« Sie laufen ansonsten Gefahr, nie mit sich selbst zufrieden zu sein, weil Sie nicht merken, dass Sie ein Ziel bereits erreicht haben.

Muss ich genau dieses Ziel erreichen?

Nicht unbedingt. Denn manchmal ergibt sich auf dem Weg zum Ziel eine Alternative, die noch viel besser zu Ihnen passt. Dann heißt es: zugreifen! Kurskorrekturen sind erlaubt, solange es sich nicht um Ausreden handelt.

Das Erreichen wohlformulierter Ziele ist einfach – und trotzdem oft nicht leicht. Bei allen Schritten können Sie sich unterstützen lassen. Wer sich nur schwer entscheiden kann (typisch für Kreative), sucht sich entscheidungsfreudige Helfer. Wem bei der Umsetzung ein regelmäßiger Tritt in den Hintern gut tut, der erteilt einen entsprechenden Auftrag. Wer von Ideenlosigkeit geplagt ist (typisch für schnelle Macher), der trifft sich mit verrückten, skurrilen Typen, schildert den Sachverhalt und hört ab da nur noch zu. Wie und was für Sie machbar ist, das wissen Sie dann schon selbst. Regelmäßig erfährt Monika in ihrer Coaching-Praxis, dass ihre Kunden ganz genau wissen, wer in ihrem Umfeld einen solchen Job gut übernehmen könnte.

Eine vorweggenommene Erfolgsvision könnte beispielsweise so aussehen: Sie haben sich mit einem Fair Fashion Label selbstständig gemacht. Sie konnten Top-Designer für Ihr Unternehmen gewinnen und einen Promi, der voll hinter Ihrer Idee steht, als Testimonial. Zweimal im Jahr fliegen Sie nach Bangladesch, um persönlich nach den Arbeitsbedingungen Ihrer Näherinnen und der Umsetzung der von Ihnen unterstützen Sozialprojekte wie einer Schule für Mädchen zu sehen. Gerade hat das manager magazin einen zweiseitigen Artikel über Sie veröffentlicht und mehrere potenzielle Investoren sind auf Sie aufmerksam geworden. Während Ihre PR-Dame gerade die Anfrage einer Fernseh-Talkshow bestätigt, schreiben Sie Ihre Dankesrede für den emotion Award, der inspirierende Frauen auszeichnet.

Darum aufschreiben!

Wir denken in Fragmenten. Schreiben zwingt uns dazu, die Dinge auf den Punkt zu bringen. Aufschreiben erhöht Ihre Erfolgschancen signifikant.
Schriftlich festgelegte Wünsche, Ziele und Visionen sind entscheidend für den Erfolg. Das hat die Harvard University in einer Langzeitstudie nachgewiesen:

3% der MBA-Absolventen hatten feste Ziele und sie auch aufgeschrieben.

13% hatten zwar Ziele, haben sie jedoch nicht schriftlich fixiert.

84% der Absolventen hatte keine Ziele.

Zehn Jahre später wurden die Absolventen erneut befragt. Die drei Prozent, die ihre Ziele aufgeschrieben hatten, verdienten zehnmal so viel wie die anderen.

Bewusstheit ist ein gutes Werkzeug.

Alles, was uns bewusst ist, können wir ändern. Deshalb ist Schreiben unverzichtbar (Schreiben mit der Hand hat übrigens noch mal eine stärkere Wirkung als Tippen am Computer). Am Ende der 100 Tage besitzen Sie Ihre persönliche Schatzkiste. Sie wissen, was bei Ihnen funktioniert und was Sie vom Kurs abbringen könnte.

Ihre ganz persöuliche Ziel-Beschreibuug

Und jetzt sind Sie dran: Beantworten Sie die folgenden Fragen, um Ihr Ziel so konkret wie möglich zu beschreiben und auf Herz und Nieren zu prüfen. Schreiben Sie Ihre Antworten unbedingt auf!

Beschreiben Sie Ihr Ziel so genau wie möglich (positiv, aktiv und präzise):

....

....

....

....

Woran werden Sie erkennen, dass Sie Ihr Ziel erreicht haben?

....

....

....

....

Was genau ist dann anders?

....

....

....

....

....

Wie fühlen Sie sich, wenn Sie dieses Ziel erreicht haben?

....

....

....

....

....

Woran erkennt jemand, der nichts von Ihrem Ziel weiß, dass Sie es erreicht haben?

....

....

....

....

Beschreiben Sie Ihre jetzige Wirkung auf andere in drei Eigenschaften (z.B. kompetent, zuverlässig, engagiert):

....

....

....

Warum ist das Erreichen des Ziels wichtig für Sie?

....

....

....

....

....

....

Wann wollen Sie Ihr Ziel erreicht haben?

....

....

....

....

....

Welche Priorität räumen Sie Ihrem Ziel ein?
Auf einer Skala von 1 (unwichtig) bis 10 (es gibt nichts Wichtigeres)*

....

....

....

Was genau lässt Sie hoffen, dass Sie dieses Ziel tatsächlich erreichen können?

....

....

....

....

....

Wer oder was könnte Sie davon abhalten, Ihr Ziel zu erreichen?

....

....

....

....

....

* bei jeder Priorität unter 6 ist klar: Sie werden dieses Ziel nicht erreichen. Weil es keine Priorität hat. Dafür gibt es in der Regel gute Gründe. Möglichkeit 1) Ziel vertagen 2) Ziel aufgeben 3) Stolpersteine aus dem Weg räumen. Auf jeden Fall sehen Sie klarer!

Wer oder was kann Sie in der Erreichung Ihrer Ziele unterstützen? Durch was?

....

....

....

....

....

Was bereitet Ihnen schon auf dem Weg zu Ihrem Ziel Freude?

....

....

....

....

....

Beschreiben Sie Ihre Wunsch-Wirkung auf andere, nachdem Sie Ihr Ziel erreicht haben (wieder in drei Eigenschaften):

....

....

....

....

....

Kurz und knackig!

Mein Ziel:

Meine Deadline:

Mein Gipfelkreuz (an dem ich garantiert erkenne, dass ich mein Ziel erreicht habe):

You'll never walk alone

Keiner von uns geht allein durchs Leben, wir alle bewegen uns in einem sozialen System. Es besteht aus Familie, Wahlfamilie, Freunden, Kollegen, Nachbarn, Bekannten, Geschäftspartnern …

Skizzieren Sie hier Ihr System: Malen Sie sich in die Mitte des Blatts, die Menschen, die Ihnen nahestehen, um sich herum und die Menschen, die am weitesten weg von Ihnen sind, an den Blattrand. Versuchen Sie dabei, Unterstützer und Bremser zu identifizieren und gegebenenfalls Miesmacher zu kennzeichnen. Überlegen Sie sich, welcher Unterstützer eine Rolle bei Ihrer Zielerreichung spielen kann und wie Sie sich gegen die Bremser und Miesmacher wappnen können.

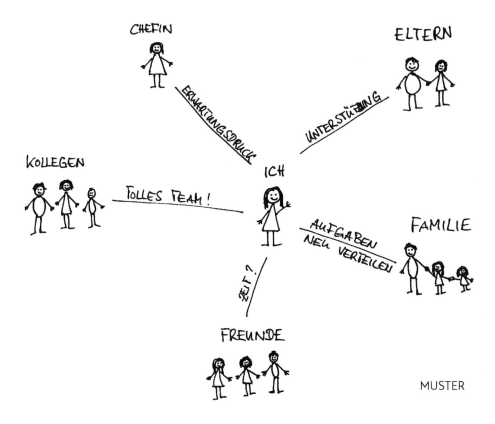

MUSTER

22

Ihre Meilensteine und Etappenziele

Wenn wir wissen, WAS wir erreichen wollen und WARUM, kommt das WIE an die Reihe. Wie erreichen wir unser Ziel? Was müssen wir tun, wen und was brauchen wir, was muss passieren? Fixieren Sie die wichtigsten Meilensteine und Etappenziele schriftlich auf der nächsten Seite: Machen Sie sich einen knappen (!) Plan, in den Sie alles einfließen lassen, was Ihnen bei Ihrer Zielerreichung nützlich ist.

Perfektion ist Lähmung! **Nutzen Sie für Ihre Planung das Pareto-Prinzip.** Die 80/20-Regel besagt in unserem Fall, dass wir in 20 % unserer Zeit 80 % unserer Ergebnisse erreichen können. 80 % der Zeit benötigen wir um die restlichen 20 % auch noch zu erreichen, also um die Sache perfekt zu machen.
Ein Beispiel: Sie bekommen in einer Stunde Besuch und Ihre Wohnung ist das komplette Chaos. Es bräuchte fünf Stunden, um sie perfekt aufzuräumen und zu putzen. Wenn Sie sich auf die sichtbarsten Dinge konzentrieren (Kleidung auf dem Fußboden, herumfliegende Zeitschriften, schmutziges Geschirr …) wird Ihre Wohnung wahrscheinlich nach einer Stunde ziemlich ordentlich aussehen. Und die ungeputzten Fenster fallen vermutlich nur Ihnen auf.

Also: Welche Aktivitäten und Tätigkeiten sind für die Erreichung Ihres Ziels wirklich wichtig? Welche haben den größten Hebel? Bauen Sie darauf Ihre Planung auf.

Preisfrage: Wollen Sie eine gute Sache in angemessener Zeit erreichen oder perfekt zögern?

Meilenstein / Etappenziel	Datum
Start der Challenge	
Ende der Challenge	

Mein Bild vorher

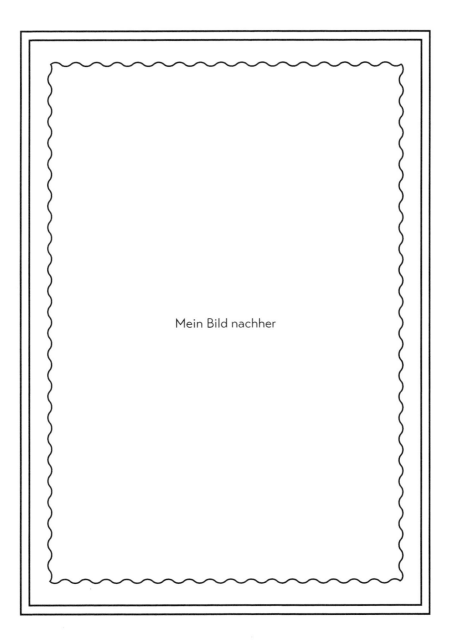

Mein Bild nachher

WOCHE 1

Werden Sie sich Ihrer Stärken bewusst.

Welche Erfolge haben Sie in Ihrem Leben schon eingefahren? Bitte notieren.
Und danach fragen Sie noch andere (Familie, Freunde, Kollegen …): »Was habe
ich deiner Meinung nach schon erfolgreich auf den Weg gebracht?« Lassen Sie
sich von der Außensicht überraschen und ergänzen Sie Ihre Notizen.

Mindestens fünf berufliche und fünf private Erfolge: mit 25 Jahren die erste
Führungsposition, ein Haus selbst renoviert, ein schwieriges Projekt zum Erfolg
gebracht, Studium abgeschlossen, eine Beziehung beendet, die Ihnen nicht gut-
tat, in einer neuen Stadt Fuß gefasst und Freunde gefunden …

Fragen Sie sich anschließend: Welche Stärken stehen hinter meinen Erfolgen?
Am besten pro Erfolg vier bis fünf Stärken. Wenn Sie Ihren Kindern, Nichten,
Neffen oder Grundschülern erklären sollten, was Sie erfolgreich gemacht hat
und noch machen wird, was wären Ihre sieben Top-Punkte?

TAG 1 VON 100

»In dem Augenblick, in dem man sich endgültig einer Aufgabe verschreibt, bewegt sich die Vorsehung auch. Alle möglichen Dinge, die sonst nie geschehen wären, geschehen, um einem zu helfen. Ein ganzer Strom von Ereignissen wird in Gang gesetzt durch die Entscheidung, und er sorgt zu den eigenen Gunsten für zahlreiche unvorhergesehene Zufälle, Begegnungen und materielle Hilfen, die sich kein Mensch vorher je so erträumt haben könnte. Was immer Du kannst, beginne es. Kühnheit trägt Genius, Macht und Magie. Beginne jetzt.«

JOHANN WOLFGANG VON GOETHE

2. TEIL

☀ MORGENS

Was beschäftigt mich im Moment?

....
....
....

Was ist die eine Sache, die ich heute tun werde, die mich meinem Ziel näherbringt?

....
....
....

☾ ABENDS

Das ist mir gelungen:

....
....
....
....
....
....
....
....

Dafür bin ich dankbar (muss nicht unbedingt etwas mit dem Ziel zu tun haben):

....
....

DATUM: TAGES-IMPULS

»Jetzt ist der richtige Moment. Was gestern war, ist jetzt egal. Es ist der richtige Moment, nach vorne zu schauen und durchzustarten. Gehe dein Ziel an. Du hast mit Sicherheit schon Erfahrungen gesammelt, die du nutzen kannst. Und genügend Mut, Neues zu wagen. Wie oft ist dir etwas, was du wirklich, wirklich wolltest, nicht geglückt?«

MONIKA SCHEDDIN

MORGENS

Was beschäftigt mich im Moment?

....
....
....

Was ist die eine Sache, die ich heute tun werde, die mich meinem Ziel näherbringt?

....
....
....
....

ABENDS

Das ist mir gelungen:

....
....
....
....
....
....
....
....

Dafür bin ich dankbar (muss nicht unbedingt etwas mit dem Ziel zu tun haben):

....
....
....
....

TAG 3 VON 100

DATUM:

»Du bist die Regisseurin deines Lebens. Und kein Mensch zwingt dich dazu, dass du dir selbst nur Nebenrollen zuteilst. Dein Leben gehört dir allein. Wache auf und glänze!«

MONIKA SCHEDDIN

MORGENS

Was beschäftigt mich im Moment?

....
....
....
....

Was ist die eine Sache, die ich heute tun werde, die mich meinem Ziel näherbringt?

....
....
....
....

ABENDS

Das ist mir gelungen:

....
....
....
....
....
....
....
....
....

Dafür bin ich dankbar (muss nicht unbedingt etwas mit dem Ziel zu tun haben):

....
....
....
....

2. TEIL

TAG 4 VON 100

»Erst wenn wir eine Entscheidung treffen, bei der wir mit etwas brechen müssen, bei der wir etwas Vertrautes hinter uns lassen müssen, dann wird uns plötzlich bewusst: Zwischen Ufer und Ufer liegt nur das Wagnis.«

BRIGITTE ROSNER

MORGENS

Was beschäftigt mich im Moment?

....
....
....
....

Was ist die eine Sache, die ich heute tun werde, die mich meinem Ziel näherbringt?

....
....
....
....

ABENDS

Das ist mir gelungen:

....
....
....
....
....
....
....
....
....
....

Dafür bin ich dankbar (muss nicht unbedingt etwas mit dem Ziel zu tun haben):

....
....
....
....

TAG 5 VON 100

DATUM: TAGES-IMPULS

»Wenn wir mit einem Aspekt unseres Lebens unzufrieden sind, sollten wir am besten so handeln wie die Person, die wir gerne sein möchten, anstatt herumzusitzen und uns selbst zu analysieren.«

TIMOTHY D. WILSON, SOZIALPSYCHOLOGE

MORGENS

Was beschäftigt mich im Moment?

....
....
....
....

Was ist die eine Sache, die ich heute tun werde, die mich meinem Ziel näherbringt?

....
....
....
....

ABENDS

Das ist mir gelungen:

....
....
....
....
....
....
....
....

Dafür bin ich dankbar (muss nicht unbedingt etwas mit dem Ziel zu tun haben):

....
....
....
....
....

2. TEIL

TAG 6 VON 100

»Man sollte sehr wachsam durch die Welt gehen. Jeder Mensch trägt seine Talente mit sich herum, aber oft fehlt der Mut, sie umzusetzen. Angst, sich zu blamieren, vielleicht auch Existenzängste. Aber es gibt diese Momente, in denen sich eine Chance bietet, und genau dann muss man den Mut fassen, es auch zu tun. Man kann nicht warten, dass einem jemand die Träume erfüllt, darauf, dass die Regierung sich schöne Sachen ausdenkt, damit man gut leben kann. Um seine Träume zu verwirklichen, muss man sich den Arsch aufreißen.«

MICHAEL »BULLY« HERBIG

☀ MORGENS

Was beschäftigt mich im Moment?

....
....
....
....

Was ist die eine Sache, die ich heute tun werde, die mich meinem Ziel näherbringt?

....
....
....
....

☾✦ ABENDS

Das ist mir gelungen:

....
....
....
....
....
....
....
....
....

Dafür bin ich dankbar (muss nicht unbedingt etwas mit dem Ziel zu tun haben):

....
....

TAG 7 VON 100

»Lieber unvollkommen begonnen, als perfekt gezögert.«

COACHINGTHESE

MORGENS

Was beschäftigt mich im Moment?

....
....
....
....

Was ist die eine Sache, die ich heute tun
werde, die mich meinem Ziel näherbringt?

....
....
....
....

ABENDS

Das ist mir gelungen:

....
....
....
....
....
....
....
....
....

Dafür bin ich dankbar (muss nicht unbedingt etwas mit dem Ziel zu tun haben):

....
....

2. TEIL

WOCHE 2

Erstellen Sie eine Ziel-Collage z.B. auf einem DIN A3-Blatt

Wenn Sie am Ziel sind – also am Ende dieser 100 Tage oder am …….. (Datum einsetzen – spätestens jedoch in drei Jahren): Wie werden Sie leben, was hat sich verändert, wie sehen Sie aus, was ist neu in Ihrem Leben, was tun Sie, mit wem, wie fühlen Sie sich …?

Schneiden Sie Bilder und Überschriften aus Zeitschriften aus, malen und kleben Sie damit Ihre ganz persönliche Ziel-Collage. Hängen Sie sie so auf, dass Sie sie immer gut im Blick haben, z.B. an die Schlafzimmertür oder an die Innenseite des Kleiderschranks, wenn Sie Ihre Collage vor neugierigen Augen schützen wollen.

TAG 8 VON 100

»Du hast alles, was du brauchst, um deine Ziele zu erreichen.« Erst der Gewinn von einer halben Million Euro im Jahr 2010 bei »Wer wird Millionär?« gab der Journalistin MEIKE WINNEMUTH den Mut, 2011 endlich ihren Traum von einer Weltreise in die Tat umzusetzen. Um dann später festzustellen, dass sie den Gewinn gar nicht gebraucht hätte.

MORGENS

Was beschäftigt mich im Moment?

....
....
....
....

Was ist die eine Sache, die ich heute tun werde, die mich meinem Ziel näherbringt?

....
....
....
....

ABENDS

Das ist mir gelungen:

....
....
....
....
....
....
....
....

2. TEIL

Dafür bin ich dankbar (muss nicht unbedingt etwas mit dem Ziel zu tun haben):

....
....
....
....

TAG 9 VON 100

»Man beginnt eine Sache, indem man aufhört zu reden und anfängt zu tun.«

WALT DISNEY

MORGENS

Was beschäftigt mich im Moment?

....
....
....
....

Was ist die eine Sache, die ich heute tun
werde, die mich meinem Ziel näherbringt?

....
....
....
....

ABENDS

Das ist mir gelungen:

....
....
....
....
....
....
....
....

Dafür bin ich dankbar (muss nicht unbedingt etwas mit dem Ziel zu tun haben):

....
....
....
....
....

DATUM:

TAGES-IMPULS

»Nice-to-have oder ein Herzensziel?: Willst du dein Ziel wirklich erreichen und bist du bereit, diesem Ziel täglich Priorität einzuräumen?«

MONIKA SCHEDDIN

MORGENS

Was beschäftigt mich im Moment?

....
....
....
....

Was ist die eine Sache, die ich heute tun werde, die mich meinem Ziel näherbringt?

....
....
....
....

ABENDS

Das ist mir gelungen:

....
....
....
....
....
....
....
....
....
....
....

Dafür bin ich dankbar (muss nicht unbedingt etwas mit dem Ziel zu tun haben):

....
....
....
....
....

2. TEIL

DATUM: TAGES-IMPULS

» Man hat noch genug Zeit, alles beim Alten zu belassen, wenn man tot ist.«

MADONNA

☀ MORGENS

Was beschäftigt mich im Moment?

....
....
....
....

Was ist die eine Sache, die ich heute tun werde, die mich meinem Ziel näherbringt?

....
....
....
....

☾✩ ABENDS

Das ist mir gelungen:

....
....
....
....
....
....
....
....

Dafür bin ich dankbar (muss nicht unbedingt etwas mit dem Ziel zu tun haben):

....
....
....
....
....

TAG 12 VON 100

DATUM:

»Frage dich nicht, ob du dein Ziel erreichen kannst. Die einzig sinnvollen Fragen sind ›wie?‹ und ›wann?‹«

MONIKA SCHEDDIN

☀ MORGENS

Was beschäftigt mich im Moment?

....
....
....
....

Was ist die eine Sache, die ich heute tun werde, die mich meinem Ziel näherbringt?

....
....
....
....

☾ ABENDS

Das ist mir gelungen:

....
....
....
....
....
....
....
....
....

Dafür bin ich dankbar (muss nicht unbedingt etwas mit dem Ziel zu tun haben):

....
....
....
....
....

TAG 13 VON 100

»Der Weg zum Ziel beginnt an dem Tag, an dem du die hundertprozentige Verantwortung für dein Tun übernimmst.«

DANTE

MORGENS

Was beschäftigt mich im Moment?

....
....
....
....

Was ist die eine Sache, die ich heute tun werde, die mich meinem Ziel näherbringt?

....
....
....
....

ABENDS

Das ist mir gelungen:

....
....
....
....
....
....
....
....
....

Dafür bin ich dankbar (muss nicht unbedingt etwas mit dem Ziel zu tun haben):

....
....
....
....

TAG 14 VON 100

»Warte nicht bis alles genau richtig ist. Es wird niemals perfekt sein. Es wird immer Heraus-forderungen, Hindernisse und nicht optimale Bedingungen geben. Na und? Fang' jetzt an. Mit jedem Schritt, den du unternimmst, wirst du stärker und stärker, immer geschickter, immer selbstbewusster und immer erfolgreicher.«

MARK VICTOR HANSEN

MORGENS

Was beschäftigt mich im Moment?

....
....
....

Was ist die eine Sache, die ich heute tun werde, die mich meinem Ziel näherbringt?

....
....
....
....

ABENDS

Das ist mir gelungen:

....
....
....
....
....
....
....
....
....

Dafür bin ich dankbar (muss nicht unbedingt etwas mit dem Ziel zu tun haben):

....
....
....
....

2. TEIL

WOCHE 3

Sorgen Sie für ein gutes Umfeld

Umgeben Sie sich mit Menschen, die Sie unterstützen. Sorgen Sie dafür, dass Sie Gutes zu sehen, zu hören, zu fühlen, zu riechen und zu schmecken bekommen. Verbreiten Sie gute Laune. Versorgen Sie Ihren Körper und Ihren Kopf mit guter Nahrung. Nutzen Sie Ihre Energiequellen. Und vermeiden Sie nach Möglichkeit Energiefresser und Miesmacher.

Schaffen Sie Ordnung an Ihrem Arbeitsplatz, stellen Sie sich ein paar frische Blumen ins Blickfeld, kaufen Sie sich einen extravaganten Stiftehalter oder einen schönen Kalender.

TAG 15 VON 100

DATUM:

»Kraftvolle Ziele ergeben sich immer dann, wenn wir es unserer Vorstellungskraft erlauben, mal so richtig aus der Reihe zu tanzen.«

STEFANIE VOSS

☀ MORGENS

Was beschäftigt mich im Moment?

....
....
....
....

Was ist die eine Sache, die ich heute tun werde, die mich meinem Ziel näherbringt?

....
....
....
....

☾ ABENDS

Das ist mir gelungen:

....
....
....
....
....
....
....
....
....
....

2. TEIL

Dafür bin ich dankbar (muss nicht unbedingt etwas mit dem Ziel zu tun haben):

....
....
....
....
....

DATUM: TAGES-IMPULS

»Die Last der Disziplin wiegt ein Kilogramm. Die Last des Bereuens eine Tonne.«

ILJA GRZESKOWITZ

MORGENS

Was beschäftigt mich im Moment?

....
....
....
....

Was ist die eine Sache, die ich heute tun
werde, die mich meinem Ziel näherbringt?

....
....
....

ABENDS

Das ist mir gelungen:

....
....
....
....
....
....
....
....
....

Dafür bin ich dankbar (muss nicht unbedingt etwas mit dem Ziel zu tun haben):

....
....
....
....
....
....

TAG 17 VON 100

»Das einzige Mittel, Zeit zu haben, ist, sich Zeit zu nehmen!«

BERTHA ECKSTEIN-DIENER

MORGENS

Was beschäftigt mich im Moment?

....
....
....
....

Was ist die eine Sache, die ich heute tun
werde, die mich meinem Ziel näherbringt?

....
....
....
....

ABENDS

Das ist mir gelungen:

....
....
....
....
....
....
....
....
....

2. TEIL

Dafür bin ich dankbar (muss nicht unbedingt etwas mit dem Ziel zu tun haben):

....
....
....
....
....
....

TAG 18 VON 100

DATUM: TAGES-IMPULS

»Leistung ist gleich Potenzial minus Störungen.«

TIMOTHY GALLWEY

☀ MORGENS

Was beschäftigt mich im Moment?

....
....
....
....

Was ist die eine Sache, die ich heute tun
werde, die mich meinem Ziel näherbringt?

....
....
....
....

☾ ABENDS

Das ist mir gelungen:

....
....
....
....
....
....
....
....
....
....

Dafür bin ich dankbar (muss nicht unbedingt etwas mit dem Ziel zu tun haben):

....
....
....
....
....

DATUM: TAGES-IMPULS

»Für das Tun gibt es keinen Ersatz. Man wird weder fit noch schlank noch erfolgreich, indem man nur Bücher darüber liest. Ratgeber sind kein Ersatz fürs Tun. Das Gehirn bildet neue Gewohnheiten nur durch Einübung und Erfahrung aus.«

MONIKA SCHEDDIN

MORGENS

Was beschäftigt mich im Moment?

....
....
....
....

Was ist die eine Sache, die ich heute tun werde, die mich meinem Ziel näherbringt?

....
....
....
....

ABENDS

Das ist mir gelungen:

....
....
....
....
....
....
....
....
....

Dafür bin ich dankbar (muss nicht unbedingt etwas mit dem Ziel zu tun haben):

....
....
....
....

2. TEIL

Noch 80 Tage

DATUM:

»Wenn du willst, was du noch nie gehabt hast, dann tu, was du noch nie getan hast.«

NOSSRAT PESECHKIAN

MORGENS

Was beschäftigt mich im Moment?

....
....
....
....

Was ist die eine Sache, die ich heute tun
werde, die mich meinem Ziel näherbringt?

....
....
....
....

ABENDS

Das ist mir gelungen:

....
....
....
....
....
....
....
....
....

Dafür bin ich dankbar (muss nicht unbedingt etwas mit dem Ziel zu tun haben):

....
....
....
....
....

DATUM: TAGES-IMPULS

»Viele versäumen Wichtiges in ihrem Leben, weil es ihnen ungeheuer wichtig ist, nichts zu versäumen.«

ERNST FERSTL, ÖSTERREICHISCHER SCHRIFTSTELLER

MORGENS

Was beschäftigt mich im Moment?

....
....
....
....

Was ist die eine Sache, die ich heute tun werde, die mich meinem Ziel näherbringt?

....
....
....
....

ABENDS

Das ist mir gelungen:

....
....
....
....
....
....
....
....

2. TEIL

Dafür bin ich dankbar (muss nicht unbedingt etwas mit dem Ziel zu tun haben):

....
....
....
....
....

Ernennen Sie Ihren persönlichen Beraterstab

Jede wichtige Persönlichkeit hat Berater an ihrer Seite. Diese Möglichkeit haben Sie ab sofort auch.

Stellen Sie sich einfach Ihren persönlichen Beraterstab zusammen. Finden Sie maximal vier imaginäre Berater. Wenn Sie das Glück haben, über großartige Berater in Ihrem Umfeld zu verfügen, können Sie natürlich auch zwei reale und zwei imaginäre Berater küren. Geben Sie jedem eine »Ressortverantwortung«. Hierbei nicht kleckern, sondern klotzen! Wer soll Ihnen für welche Themen mit Rat und Ideen zur Verfügung stehen? Ob Hillary Clinton (Ressort »Krisen meistern«) oder Oprah Winfrey (Ressort »Macht und Großzügigkeit«), Udo Lindenberg (»Spätzündererfolg«) oder Sheryl Sandberg (»Weiblicher Erfolg in einer Männerdomäne«), Aristoteles (»Kritisches Hinterfragen«) oder Richard Branson (»Unternehmertum und gesunder Menschenverstand«) – egal, schon die Wahl Ihrer Berater sagt etwas über Ihr Ziel aus. Sie müssen absolut nicht prominent sein. Hauptsache Ihre Berater sind bereits da, wo Sie hinwollen.

Visualisierung ist nützlich. Zeichnen Sie Ihre vier Personen oder finden Sie vier Fotos und kleben sie auf diese Seite. Sie werden sehen: es funktioniert und wirkt!

Befragen Sie Ihren Beraterstab immer, wenn Sie Impulse oder eine Entscheidungshilfe benötigen. Entweder einzeln oder in einer Vollversammlung. Vor allem, wenn es schwierig wird oder Sie sogar hinschmeißen wollen: Fragen Sie zuerst Ihren Beraterstab!

DATUM: TAGES-IMPULS

»Sei, wer du bist und sag, was du fühlst! Denn die, die das stört, zählen nicht.
Und die, die zählen, stört es nicht.«

THEODOR SEUSS GEISEL

MORGENS

Was beschäftigt mich im Moment?

....
....
....
....

Was ist die eine Sache, die ich heute tun
werde, die mich meinem Ziel näherbringt?

....
....
....
....

ABENDS

Das ist mir gelungen:

....
....
....
....
....
....
....
....
....
....

Dafür bin ich dankbar (muss nicht unbedingt etwas mit dem Ziel zu tun haben):

....
....
....
....
....

2. TEIL

TAG 23 VON 100

»Lassen Sie nicht zu, dass Ihre Sehnsüchte von Ihren Ängsten besiegt werden. Lassen Sie Hindernisse, denen Sie im Berufsleben begegnen – und es wird sie geben – äußerliche Hindernisse sein, nicht innerliche. Das Glück begünstigt die Mutigen. Sie werden nie erfahren, wozu Sie fähig sind, wenn Sie es nicht versuchen.«

SHERYL SANDBERG

MORGENS

Was beschäftigt mich im Moment?

....
....
....
....

Was ist die eine Sache, die ich heute tun
werde, die mich meinem Ziel näherbringt?

....
....
....
....

ABENDS

Das ist mir gelungen:

....
....
....
....
....
....
....
....
....

Dafür bin ich dankbar (muss nicht unbedingt etwas mit dem Ziel zu tun haben):

....
....
....
....

DATUM:

»Jetzt aber! Wer etwas von heute auf morgen verschiebt, hat es sicher schon von gestern auf heute verschoben.«

SIR PETER USTINOV

MORGENS

Was beschäftigt mich im Moment?

....
....
....
....

Was ist die eine Sache, die ich heute tun werde, die mich meinem Ziel näherbringt?

....
....
....
....

ABENDS

Das ist mir gelungen:

....
....
....
....
....
....
....
....
....

Dafür bin ich dankbar (muss nicht unbedingt etwas mit dem Ziel zu tun haben):

....
....
....
....

TAG 25 VON 100

»Ein Ziel ist ein Versprechen. Ein Versprechen an uns selbst.«

MONIKA SCHEDDIN

MORGENS

Was beschäftigt mich im Moment?

....
....
....
....

Was ist die eine Sache, die ich heute tun werde, die mich meinem Ziel näherbringt?

....
....
....
....

ABENDS

Das ist mir gelungen:

....
....
....
....
....
....
....
....
....

Dafür bin ich dankbar (muss nicht unbedingt etwas mit dem Ziel zu tun haben):

....
....
....
....
....

DATUM: TAGES-IMPULS

»Du musst deine Ziele nicht allein angehen. Lasse dir unbedingt helfen. Frage dich immer wieder:
Wer oder was kann mir in der Erreichung meiner Ziele behilflich sein?«

MONIKA SCHEDDIN

MORGENS

Was beschäftigt mich im Moment?

....

....

....

....

Was ist die eine Sache, die ich heute tun
werde, die mich meinem Ziel näherbringt?

....

....

....

ABENDS

Das ist mir gelungen:

....

....

....

....

....

....

....

....

Dafür bin ich dankbar (muss nicht unbedingt etwas mit dem Ziel zu tun haben):

....

....

....

....

2. TEIL

DATUM: TAGES-IMPULS

Wie man die richtigen Entscheidungen trifft? Höre auf dein Gefühl! *»Der unbewusste Teil unseres Gehirns verarbeitet Informationen etwa 300.000-mal schneller als unser Bewusstsein. Unser Gefühl ist also letztlich die Summe einer gigantischen Rechenleistung und die beste Richtschnur für Entscheidungen.«*

FRANÇOIS LELORD, PSYCHIATER UND BESTSELLERAUTOR

MORGENS

Was beschäftigt mich im Moment?

....

....

....

....

Was ist die eine Sache, die ich heute tun werde, die mich meinem Ziel näherbringt?

....

....

....

....

ABENDS

Das ist mir gelungen:

....

....

....

....

....

....

....

....

Dafür bin ich dankbar (muss nicht unbedingt etwas mit dem Ziel zu tun haben):

....

....

....

....

DATUM: TAGES-IMPULS

Alles, was wir nicht in einer Woche schaffen, kriegen wir im ganzen Leben nicht hin. *»Die Woche ist so etwas wie das Leben im Kleinen und Dinge, die wir im Zeitraum der Woche nicht schaffen, gehen in der Betriebsamkeit des Berufs- und Familienlebens oft gänzlich unter«*, schreibt die Autorin VERENA STEINER in ihrem Buch »Energiekompetenz.«

MORGENS

Was beschäftigt mich im Moment?

....
....
....

Was ist die eine Sache, die ich heute tun werde, die mich meinem Ziel näherbringt?

....
....
....

ABENDS

Das ist mir gelungen:

....
....
....
....
....
....
....
....
....

Dafür bin ich dankbar (muss nicht unbedingt etwas mit dem Ziel zu tun haben):

....
....
....
....

2. TEIL

WOCHE 5

Definieren Sie Ihre persönliche Shit-Liste

Zehn Dinge, die ich tun oder lassen kann, damit ich auch dieses Mal zuverlässig mein Ziel NICHT erreiche. Also richtig vergeige.

Zum Beispiel: So viele Projekte annehmen, dass man vor lauter Stress das Ziel aus den Augen verliert. Morgens als erstes den E-Mail-Account anschauen. Zuerst die Wäsche waschen und die Wohnung aufräumen, bevor man sich an die Umsetzung seines Ziels macht. Ehrenämter annehmen. Alle Telefonumfragen mitmachen. Erst das Büro verlassen, wenn die ganze Arbeit getan ist. In den Social Medias surfen. Vor lauter Perfektionismus erst gar nicht anfangen. Immer alles alleine schaffen wollen. Sich mit Energie-Vampir XY treffen …

DATUM: TAGES-IMPULS

»Hindernisse sind nur dazu da, um zu testen, wie sehr du etwas willst. Also: Bangemachen lassen gilt nicht.«

MONIKA SCHEDDIN

MORGENS

Was beschäftigt mich im Moment?

....

....

....

....

Was ist die eine Sache, die ich heute tun werde, die mich meinem Ziel näherbringt?

....

....

....

....

ABENDS

Das ist mir gelungen:

....

....

....

....

....

....

....

....

....

....

Dafür bin ich dankbar (muss nicht unbedingt etwas mit dem Ziel zu tun haben):

....

....

....

....

....

2. TEIL

TAG 30 VON 100

DATUM:

TAGES-IMPULS

»Nichts spornt mich mehr an als die drei Worte: DAS GEHT NICHT. Wenn ich das höre, tue ich alles, um das Unmögliche möglich zu machen.«

HARALD ZINDLER, GREENPEACE-GRÜNDER UND -AKTIVIST

MORGENS

Was beschäftigt mich im Moment?

....
....
....
....

Was ist die eine Sache, die ich heute tun werde, die mich meinem Ziel näherbringt?

....
....
....
....

ABENDS

Das ist mir gelungen:

....
....
....
....
....
....
....
....

Dafür bin ich dankbar (muss nicht unbedingt etwas mit dem Ziel zu tun haben):

....
....
....
....
....

TAG 31 VON 100

DATUM: TAGES-IMPULS

»Zeit haben heißt wissen, wofür man Zeit haben will und wofür nicht.«

EMIL OESCH

☀ MORGENS

Was beschäftigt mich im Moment?

....

....

....

....

Was ist die eine Sache, die ich heute tun
werde, die mich meinem Ziel näherbringt?

....

....

....

....

☾ ✩ ABENDS

Das ist mir gelungen:

....

....

....

....

....

....

....

....

....

Dafür bin ich dankbar (muss nicht unbedingt etwas mit dem Ziel zu tun haben):

....

....

....

....

....

TAG 32 VON 100

DATUM: TAGES-IMPULS

»Bedenke: Ein Stück des Weges liegt hinter dir, ein anderes vor dir. Wenn du verweilst, dann nur, um dich zu stärken, aber nicht, um aufzugeben.«

AUGUSTINUS AURELIUS

MORGENS

Was beschäftigt mich im Moment?

....
....
....
....

Was ist die eine Sache, die ich heute tun werde, die mich meinem Ziel näherbringt?

....
....
....
....

ABENDS

Das ist mir gelungen:

....
....
....
....
....
....
....
....

Dafür bin ich dankbar (muss nicht unbedingt etwas mit dem Ziel zu tun haben):

....
....
....
....
....

TAG 33 VON 100

DATUM: TAGES-IMPULS

»Es ist immer zu früh, um aufzugeben!«

UNBEKANNT

☀ MORGENS

Was beschäftigt mich im Moment?

....
....
....
....

Was ist die eine Sache, die ich heute tun
werde, die mich meinem Ziel näherbringt?

....
....
....
....

☾ ABENDS

Das ist mir gelungen:

....
....
....
....
....
....
....
....
....

Dafür bin ich dankbar (muss nicht unbedingt etwas mit dem Ziel zu tun haben):

....
....
....
....
....
....

TAG 34 VON 100

DATUM:

»Es gibt mehr Leute, die kapitulieren, als solche, die scheitern.«

HENRY FORD

MORGENS

Was beschäftigt mich im Moment?

....
....
....
....

Was ist die eine Sache, die ich heute tun
werde, die mich meinem Ziel näherbringt?

....
....
....
....

ABENDS

Das ist mir gelungen:

....
....
....
....
....
....
....
....

Dafür bin ich dankbar (muss nicht unbedingt etwas mit dem Ziel zu tun haben):

....
....
....
....
....

DATUM: TAGES-IMPULS

»Wer einen Misserfolg nur als kleinen Umweg betrachtet, verliert nie sein Ziel aus den Augen.«

MARTIN LUTHER

MORGENS

Was beschäftigt mich im Moment?

....
....
....
....

Was ist die eine Sache, die ich heute tun werde, die mich meinem Ziel näherbringt?

....
....
....
....

ABENDS

Das ist mir gelungen:

....
....
....
....
....
....
....
....

Dafür bin ich dankbar (muss nicht unbedingt etwas mit dem Ziel zu tun haben):

....
....
....
....
....

2. TEIL

WOCHE 6

Planen Sie einen Arbeitsurlaub

Also einen Urlaub, um zu arbeiten. Am besten eine ganze Woche. Mindestens zwei Übernachtungen. Einen halben Tag wird gearbeitet, den Rest des Tages dann kann man tun, was man will. Wandern, schwimmen, golfen – ganz nach Gefallen. Es hilft dabei ganz ungemein, eine Person dabei zu haben, die sich für fünf Stunden gut allein beschäftigen kann oder ebenfalls arbeitet, dann aber auf gemeinsame Unternehmungen pocht. Das fördert die Konzentration und Produktivität ungemein.

Dieser Arbeitsurlaub sollte spätestens bis Woche 13 erfolgt sein.

DATUM: TAGES-IMPULS

»Entweder werden wir einen Weg finden oder wir machen einen!«

HANNIBAL

MORGENS

Was beschäftigt mich im Moment?

....
....
....
....

Was ist die eine Sache, die ich heute tun
werde, die mich meinem Ziel näherbringt?

....
....
....

ABENDS

Das ist mir gelungen:

....
....
....
....
....
....
....
....
....

Dafür bin ich dankbar (muss nicht unbedingt etwas mit dem Ziel zu tun haben):

....
....
....
....
....
....

TAG 37 VON 100

DATUM:

»Hindernisse sollten dich nicht aufhalten. Wenn du gegen eine Wand läufst, dreh dich nicht um, gib nicht auf. Finde heraus wie du darüber klettern, hindurchgehen oder außenrum gehen kannst.«

MICHAEL JORDAN

☀ MORGENS

Was beschäftigt mich im Moment?

....
....
....

Was ist die eine Sache, die ich heute tun werde, die mich meinem Ziel näherbringt?

....
....
....

☾✩ ABENDS

Das ist mir gelungen:

....
....
....
....
....
....
....
....

Dafür bin ich dankbar (muss nicht unbedingt etwas mit dem Ziel zu tun haben):

....
....
....
....

DATUM: TAGES-IMPULS

*»Mach es wie die Briefmarke. Sie sichert sich den Erfolg durch die Fähigkeit an einer Sache festzu-
halten bis sie ankommt.«*

JOSH BILLINGS

☀ MORGENS

Was beschäftigt mich im Moment?

....
....
....

Was ist die eine Sache, die ich heute tun
werde, die mich meinem Ziel näherbringt?

....
....
....

☾ ABENDS

Das ist mir gelungen:

....
....
....
....
....
....
....

Dafür bin ich dankbar (muss nicht unbedingt etwas mit dem Ziel zu tun haben):

....
....
....
....

2. TEIL

DATUM: TAGES-IMPULS

»Erfolg hat drei Buchstaben: TUN!«

JOHANN WOLFGANG VON GOETHE

☀ MORGENS

Was beschäftigt mich im Moment?

....
....
....
....

Was ist die eine Sache, die ich heute tun
werde, die mich meinem Ziel näherbringt?

....
....
....
....

☾ ABENDS

Das ist mir gelungen:

....
....
....
....
....
....
....
....
....
....

Dafür bin ich dankbar (muss nicht unbedingt etwas mit dem Ziel zu tun haben):

....
....
....
....
....
....

DATUM:

TAGES-IMPULS

»Wenn ich nix tu, dann tut sich auch nix.«

UNBEKANNT

MORGENS

Was beschäftigt mich im Moment?

....
....
....
....

Was ist die eine Sache, die ich heute tun
werde, die mich meinem Ziel näherbringt?

....
....
....
....

ABENDS

Das ist mir gelungen:

....
....
....
....
....
....
....
....
....
....

2. TEIL

Dafür bin ich dankbar (muss nicht unbedingt etwas mit dem Ziel zu tun haben):

....
....
....
....
....
....

TAG 41 VON 100

DATUM:

»Irgendwas ist immer.«

KURT TUCHOLSKY

☀ MORGENS

Was beschäftigt mich im Moment?

....
....
....
....

Was ist die eine Sache, die ich heute tun
werde, die mich meinem Ziel näherbringt?

....
....
....
....

☾ ✩ ABENDS

Das ist mir gelungen:

....
....
....
....
....
....
....
....
....
....

Dafür bin ich dankbar (muss nicht unbedingt etwas mit dem Ziel zu tun haben):

....
....
....
....
....
....

TAG 42 VON 100

»If things seem under control, you are just not going fast enough.«

MARIO ANDRETTI, EHEMALIGER RENNFAHRER

MORGENS

Was beschäftigt mich im Moment?

....
....
....
....

Was ist die eine Sache, die ich heute tun
werde, die mich meinem Ziel näherbringt?

....
....
....
....

ABENDS

Das ist mir gelungen:

....
....
....
....
....
....
....
....

2. TEIL

Dafür bin ich dankbar (muss nicht unbedingt etwas mit dem Ziel zu tun haben):

....
....
....
....
....
....

WOCHE 7

Zeit für eine Zwischenbilanz

Was ist Ihnen bereits gelungen? Was ist anders als am Anfang?
Auf einer Skala von Null (überhaupt nicht) bis zehn (mega) – wie zufrieden
sind Sie mit sich? Was würde Ihr Ergebnis etwas verbessern?

TAG 43 VON 100

»Was ohne Ruhepausen geschieht, ist nicht von Dauer.«

OVID

MORGENS

Was beschäftigt mich im Moment?

....
....
....
....

Was ist die eine Sache, die ich heute tun
werde, die mich meinem Ziel näherbringt?

....
....
....

ABENDS

Das ist mir gelungen:

....
....
....
....
....
....
....
....
....

2. TEIL

Dafür bin ich dankbar (muss nicht unbedingt etwas mit dem Ziel zu tun haben):

....
....
....
....
....
....
....

DATUM: TAGES-IMPULS

»Ever tried? Ever failed? No matter. Try again. Fail again. Fail better.«

SAMUEL BECKETT

MORGENS

Was beschäftigt mich im Moment?

....
....
....
....

Was ist die eine Sache, die ich heute tun
werde, die mich meinem Ziel näherbringt?

....
....
....
....

ABENDS

Das ist mir gelungen:

....
....
....
....
....
....
....
....
....

Dafür bin ich dankbar (muss nicht unbedingt etwas mit dem Ziel zu tun haben):

....
....
....
....
....
....

DATUM: TAGES-IMPULS

»Umwege erhöhen die Ortskenntnis.«

UNBEKANNT

☀ MORGENS

Was beschäftigt mich im Moment?

....
....
....
....

Was ist die eine Sache, die ich heute tun
werde, die mich meinem Ziel näherbringt?

....
....
....
....

☾ ABENDS

Das ist mir gelungen:

....
....
....
....
....
....
....
....
....

2. TEIL

Dafür bin ich dankbar (muss nicht unbedingt etwas mit dem Ziel zu tun haben):

....
....
....
....
....
....

TAG 46 VON 100

»Leben ist das, was passiert, während du fleißig dabei bist, andere Pläne zu schmieden.«

JOHN LENNON

MORGENS

Was beschäftigt mich im Moment?

....
....
....
....

Was ist die eine Sache, die ich heute tun
werde, die mich meinem Ziel näherbringt?

....
....
....
....

ABENDS

Das ist mir gelungen:

....
....
....
....
....
....
....
....
....

Dafür bin ich dankbar (muss nicht unbedingt etwas mit dem Ziel zu tun haben):

....
....
....
....
....

DATUM: TAGES-IMPULS

»Das Geheimnis des außerordentlichen Menschen ist in den meisten Fällen nichts als Konsequenz.«

BUDDHA

MORGENS

Was beschäftigt mich im Moment?

....
....
....
....

Was ist die eine Sache, die ich heute tun werde, die mich meinem Ziel näherbringt?

....
....
....
....

ABENDS

Das ist mir gelungen:

....
....
....
....
....
....
....
....

2. TEIL

Dafür bin ich dankbar (muss nicht unbedingt etwas mit dem Ziel zu tun haben):

....
....
....
....
....
....

TAG 48 VON 100

DATUM: TAGES-IMPULS

»Du wirst als Mensch nur wachsen, wenn du dich außerhalb deiner Komfortzone befindest.«

PERCY CERUTTY, AUSTRALISCHER LEICHTATHLETIK-TRAINER

☀ MORGENS

Was beschäftigt mich im Moment?

....
....
....
....

Was ist die eine Sache, die ich heute tun
werde, die mich meinem Ziel näherbringt?

....
....
....
....

☾ ABENDS

Das ist mir gelungen:

....
....
....
....
....
....
....
....

Dafür bin ich dankbar (muss nicht unbedingt etwas mit dem Ziel zu tun haben):

....
....
....
....
....
....

DATUM: TAGES-IMPULS

»Manchmal gewinnst du und manchmal lernst du!«

UNBEKANNT

☀ MORGENS

Was beschäftigt mich im Moment?

....
....
....
....

Was ist die eine Sache, die ich heute tun
werde, die mich meinem Ziel näherbringt?

....
....
....

☾ ABENDS

Das ist mir gelungen:

....
....
....
....
....
....
....
....

Dafür bin ich dankbar (muss nicht unbedingt etwas mit dem Ziel zu tun haben):

....
....
....
....
....
....

2. TEIL

WOCHE 8

Der Umgang mit Durchhängern

Wir sind schon in der 8. Woche unserer 100-Tage-Challenge – die Hälfte ist rum! Hatten Sie schon (einen) Durchhänger? Das wäre absolut in Ordnung. Wappnen Sie sich für das nächste Mal mit diesen Optionen und suchen Sie sich aus unserem Notfallkoffer von Seite 146 das heraus, was am besten für Sie und Ihren Durchhänger passt.

....

....

....

....

....

....

....

....

....

....

....

....

....

TAG 50 VON 100

DATUM:

TAGES-IMPULS

»Wer etwas will, findet Wege. Wer etwas nicht will, findet Gründe.«

SPRICHWORT

MORGENS

Was beschäftigt mich im Moment?

....
....
....
....

Was ist die eine Sache, die ich heute tun werde, die mich meinem Ziel näherbringt?

....
....
....
....

ABENDS

Das ist mir gelungen:

....
....
....
....
....
....
....
....
....

2. TEIL

Dafür bin ich dankbar (muss nicht unbedingt etwas mit dem Ziel zu tun haben):

....
....
....
....
....
....

TAG 51 VON 100

DATUM:

»Gehe du deinen Weg und lass die Leute reden.«

DANTE ALIGHIERI

☀ MORGENS

Was beschäftigt mich im Moment?

....
....
....
....

Was ist die eine Sache, die ich heute tun
werde, die mich meinem Ziel näherbringt?

....
....
....

☾ ABENDS

Das ist mir gelungen:

....
....
....
....
....
....
....
....
....

Dafür bin ich dankbar (muss nicht unbedingt etwas mit dem Ziel zu tun haben):

....
....
....
....
....
....

DATUM: TAGES-IMPULS

»*Die Menschen stolpern nicht über Berge, sondern über Maulwurfshügel.*«

KONFUZIUS

MORGENS

Was beschäftigt mich im Moment?

....
....
....
....

Was ist die eine Sache, die ich heute tun
werde, die mich meinem Ziel näherbringt?

....
....
....

ABENDS

Das ist mir gelungen:

....
....
....
....
....
....
....
....
....

2. TEIL

Dafür bin ich dankbar (muss nicht unbedingt etwas mit dem Ziel zu tun haben):

....
....
....
....
....
....

TAG 53 VON 100

TAGES-IMPULS

»Ausdauer wird früher oder später belohnt – meistens aber später.«

WILHELM BUSCH

MORGENS

Was beschäftigt mich im Moment?

....
....
....
....

Was ist die eine Sache, die ich heute tun
werde, die mich meinem Ziel näherbringt?

....
....
....
....

ABENDS

Das ist mir gelungen:

....
....
....
....
....
....
....
....
....

Dafür bin ich dankbar (muss nicht unbedingt etwas mit dem Ziel zu tun haben):

....
....
....
....
....
....

DATUM: TAGES-IMPULS

»Wenn du loslässt, hast du zwei Hände frei.«

CHINESISCHE WEISHEIT

MORGENS

Was beschäftigt mich im Moment?

....
....
....
....

Was ist die eine Sache, die ich heute tun werde, die mich meinem Ziel näherbringt?

....
....
....

ABENDS

Das ist mir gelungen:

....
....
....
....
....
....
....
....
....

2. TEIL

Dafür bin ich dankbar (muss nicht unbedingt etwas mit dem Ziel zu tun haben):

....
....
....
....
....
....

DATUM: TAGES-IMPULS

»War der Tag nicht dein Freund, so war er wenigstens dein Lehrer.«

UNBEKANNT

☀ MORGENS

Was beschäftigt mich im Moment?

....
....
....
....

Was ist die eine Sache, die ich heute tun
werde, die mich meinem Ziel näherbringt?

....
....
....
....

☾ ABENDS

Das ist mir gelungen:

....
....
....
....
....
....
....
....
....

Dafür bin ich dankbar (muss nicht unbedingt etwas mit dem Ziel zu tun haben):

....
....
....
....
....
....

DATUM: TAGES-IMPULS

»Es gibt kein ›irgendwann mal‹. Es ist entweder jetzt oder nie.«

UNBEKANNT

	MORGENS

Was beschäftigt mich im Moment?

....
....
....
....

Was ist die eine Sache, die ich heute tun
werde, die mich meinem Ziel näherbringt?

....
....
....
....

	ABENDS

Das ist mir gelungen:

....
....
....
....
....
....
....
....

Dafür bin ich dankbar (muss nicht unbedingt etwas mit dem Ziel zu tun haben):

....
....
....
....
....
....

2. TEIL

WOCHE 9

Belohnungszeit für Sie und einen Unterstützer

Belohnen Sie sich und einen Ihrer Unterstützer. Gehen Sie in ein schönes Restaurant, in eine angesagte Bar oder ins Kino, gönnen Sie sich gemeinsam eine Flasche Champagner oder eine Bootsfahrt auf einem See. Egal was Ihnen Freude macht, Hauptsache Sie tun es gemeinsam.

DATUM:

»*Selbstbewusstsein kommt nicht daher, immer richtig zu liegen, sondern daher, keine Angst zu haben, auch mal danebenzuliegen.*«

UNBEKANNT

☀ MORGENS

Was beschäftigt mich im Moment?

....
....
....
....

Was ist die eine Sache, die ich heute tun werde, die mich meinem Ziel näherbringt?

....
....
....
....

☾ ABENDS

Das ist mir gelungen:

....
....
....
....
....
....
....
....
....

2. TEIL

Dafür bin ich dankbar (muss nicht unbedingt etwas mit dem Ziel zu tun haben):

....
....
....
....
....

DATUM: TAGES-IMPULS

»Es ist keine Schande hinzufallen, aber es ist eine Schande, einfach liegenzubleiben.«

THEODOR HEUSS

MORGENS	ABENDS
Was beschäftigt mich im Moment?	Das ist mir gelungen:

Was ist die eine Sache, die ich heute tun werde, die mich meinem Ziel näherbringt?

Dafür bin ich dankbar (muss nicht unbedingt etwas mit dem Ziel zu tun haben):

TAG 59 VON 100

TAGES-IMPULS

»Wo kämen wir hin, wenn jeder sagte, wo kämen wir hin und keiner ginge, um zu sehen, wohin wir kämen, wenn wir gingen.«

KURT MARTI

☀ MORGENS

Was beschäftigt mich im Moment?

....
....
....
....

Was ist die eine Sache, die ich heute tun werde, die mich meinem Ziel näherbringt?

....
....
....
....

☾ ABENDS

Das ist mir gelungen:

....
....
....
....
....
....
....
....

2. TEIL

Dafür bin ich dankbar (muss nicht unbedingt etwas mit dem Ziel zu tun haben):

....
....
....
....
....
....

TAG 60 VON 100

DATUM:

TAGES-IMPULS

»Ich kenne keinen sicheren Weg zum Erfolg, aber einen sicheren Weg zum Misserfolg:
Es allen Recht machen zu wollen.«

PLATON

MORGENS

Was beschäftigt mich im Moment?

....
....
....
....

Was ist die eine Sache, die ich heute tun
werde, die mich meinem Ziel näherbringt?

....
....
....
....

ABENDS

Das ist mir gelungen:

....
....
....
....
....
....
....
....
....

Dafür bin ich dankbar (muss nicht unbedingt etwas mit dem Ziel zu tun haben):

....
....
....
....
....

TAG 61 VON 100

TAGES-IMPULS

»Umgib dich mit Leuten, die besser sind als du. Es wird auf dich abfärben.«

WARREN BUFFET

☀ MORGENS

Was beschäftigt mich im Moment?

....

....

....

....

Was ist die eine Sache, die ich heute tun
werde, die mich meinem Ziel näherbringt?

....

....

....

☾ ABENDS

Das ist mir gelungen:

....

....

....

....

....

....

....

....

2. TEIL

Dafür bin ich dankbar (muss nicht unbedingt etwas mit dem Ziel zu tun haben):

....

....

....

....

....

DATUM: TAGES-IMPULS

»Sich Sorgen zu machen ist wie im Schaukelstuhl zu sitzen. Es beschäftigt einen, bringt einen aber nirgendwo hin.«

GLENN TURNER

MORGENS

Was beschäftigt mich im Moment?

....
....
....
....

Was ist die eine Sache, die ich heute tun werde, die mich meinem Ziel näherbringt?

....
....
....
....

ABENDS

Das ist mir gelungen:

....
....
....
....
....
....
....
....
....

Dafür bin ich dankbar (muss nicht unbedingt etwas mit dem Ziel zu tun haben):

....
....
....
....
....
....

DATUM: TAGES-IMPULS

Sicherheit und Abenteuer gehen nicht gleichzeitig! Denn laut ANDRÉ GIDE »*kann man keine neuen Länder entdecken, ohne dabei das Ufer für längere Zeit aus den Augen zu verlieren.*«

MORGENS

Was beschäftigt mich im Moment?

....

....

....

....

Was ist die eine Sache, die ich heute tun werde, die mich meinem Ziel näherbringt?

....

....

....

....

ABENDS

Das ist mir gelungen:

....

....

....

....

....

....

....

....

2. TEIL

Dafür bin ich dankbar (muss nicht unbedingt etwas mit dem Ziel zu tun haben):

....

....

....

....

WOCHE 10

Zeit für eine Ziel-Überprüfung

Auf dem Weg zum Ziel ändern sich Ziele gerne mal. Das ist völlig normal. Manchmal tun wir das Richtige, aber für die falsche Zielgruppe. Vielleicht schreiben Sie an einem Roman, Kurzgeschichten liegen Ihnen aber viel mehr? Oder Sie wollten jeden Abend Sport machen, zwei Mal in der Woche am Morgen funktioniert für Sie aber viel besser?

Schreiben Sie auf, was sich gegebenenfalls an Ihrem Ziel geändert und welche Auswirkungen das auf Ihren Weg zur Zielerreichung hat. Welche Anpassungen wollen Sie vornehmen? Was meint Ihr Beraterstab dazu?

TAG 64 VON 100

DATUM: TAGES-IMPULS

»Denke immer daran, dass deine eigene Entschlossenheit, erfolgreich zu sein, wichtiger ist als alles andere.«

ABRAHAM LINCOLN

☀ MORGENS

Was beschäftigt mich im Moment?

....
....
....
....

Was ist die eine Sache, die ich heute tun werde, die mich meinem Ziel näherbringt?

....
....
....
....

☾ ABENDS

Das ist mir gelungen:

....
....
....
....
....
....
....
....

Dafür bin ich dankbar (muss nicht unbedingt etwas mit dem Ziel zu tun haben):

....
....
....
....
....

TAG 65 VON 100

DATUM: TAGES-IMPULS

»Selbstvertrauen gewinnt man dadurch, dass man genau das tut, wovor man Angst hat, und auf diese Weise eine Reihe von erfolgreichen Erfahrungen sammelt.«

DALE CARNEGIE

☀ MORGENS

Was beschäftigt mich im Moment?

....
....
....
....

Was ist die eine Sache, die ich heute tun werde, die mich meinem Ziel näherbringt?

....
....
....
....

☾✫ ABENDS

Das ist mir gelungen:

....
....
....
....
....
....
....
....
....

Dafür bin ich dankbar (muss nicht unbedingt etwas mit dem Ziel zu tun haben):

....
....
....
....
....

DATUM: TAGES-IMPULS

»Gib jedem Tag die Chance, der schönste deines Lebens zu werden.«

MARK TWAIN

MORGENS

Was beschäftigt mich im Moment?

....
....
....
....

Was ist die eine Sache, die ich heute tun
werde, die mich meinem Ziel näherbringt?

....
....
....
....

ABENDS

Das ist mir gelungen:

....
....
....
....
....
....
....
....

Dafür bin ich dankbar (muss nicht unbedingt etwas mit dem Ziel zu tun haben):

....
....
....
....
....

2. TEIL

TAG 67 VON 100

DATUM: TAGES-IMPULS

»Der größte Fehler, den man im Leben machen kann, ist, immer Angst zu haben, einen Fehler zu machen.«

DIETRICH BONHOEFFER

MORGENS

Was beschäftigt mich im Moment?

....
....
....
....

Was ist die eine Sache, die ich heute tun werde, die mich meinem Ziel näherbringt?

....
....
....
....

ABENDS

Das ist mir gelungen:

....
....
....
....
....
....
....
....
....

Dafür bin ich dankbar (muss nicht unbedingt etwas mit dem Ziel zu tun haben):

....
....
....
....
....

DATUM: TAGES-IMPULS

»Unsere Wünsche sind die Vorboten der Fähigkeiten, die in uns liegen, Vorboten desjenigen, was wir zu leisten imstande sein werden.«

JOHANN WOLFGANG VON GOETHE

MORGENS

Was beschäftigt mich im Moment?

....
....
....
....

Was ist die eine Sache, die ich heute tun werde, die mich meinem Ziel näherbringt?

....
....
....
....

ABENDS

Das ist mir gelungen:

....
....
....
....
....
....
....
....
....

Dafür bin ich dankbar (muss nicht unbedingt etwas mit dem Ziel zu tun haben):

....
....
....
....
....

2. TEIL

DATUM: TAGES-IMPULS

»Lebe leidenschaftlich! Live your life in such a way that, when your feet hit the floor in the morning Satan shudders and says: Oh shit - she's (he's) awake!«

UNBEKANNT

☀ MORGENS

Was beschäftigt mich im Moment?

....
....
....
....

Was ist die eine Sache, die ich heute tun werde, die mich meinem Ziel näherbringt?

....
....
....
....

☽ ABENDS

Das ist mir gelungen:

....
....
....
....
....
....
....
....
....
....

Dafür bin ich dankbar (muss nicht unbedingt etwas mit dem Ziel zu tun haben):

....
....
....
....
....
....

TAG 70 VON 100

Nur uoch 30 Tage

DATUM:

»Schwächen können nur schwächer werden, wenn ich sie nicht mit Energie füttere.«

MENTALTRAINERIN GABRIELE AUTENRIETH

MORGENS

Was beschäftigt mich im Moment?

....
....
....
....

Was ist die eine Sache, die ich heute tun werde, die mich meinem Ziel näherbringt?

....
....
....
....

ABENDS

Das ist mir gelungen:

....
....
....
....
....
....
....
....

2. TEIL

Dafür bin ich dankbar (muss nicht unbedingt etwas mit dem Ziel zu tun haben):

....
....
....
....
....
....

WOCHE 11

Never lunch alone

Verabreden Sie sich in dieser Woche mit drei Menschen zum Essen (egal ob mittags oder abends), die Sie

    a) entweder schon immer treffen wollten, die

    b) schon da sind, wo Sie hinwollen oder die Sie

    c) mit Ideen oder Kontakten auf Ihrem Weg zum Ziel weiterbringen.

Schreiben Sie hier Ihre Wunschkandidaten auf (ruhig mehr als drei, denn nicht alle werden Zeit haben). Die Treffen sollten in den nächsten vier Wochen – also bis Woche 15 – stattfinden.

TAG 71 VON 100

TAGES-IMPULS

»Lass dich nicht unterkriegen, sei frech und wild und wunderbar!«

ASTRID LINDGREN

MORGENS

Was beschäftigt mich im Moment?

....
....
....
....

Was ist die eine Sache, die ich heute tun
werde, die mich meinem Ziel näherbringt?

....
....
....
....

ABENDS

Das ist mir gelungen:

....
....
....
....
....
....
....
....
....

2. TEIL

Dafür bin ich dankbar (muss nicht unbedingt etwas mit dem Ziel zu tun haben):

....
....
....
....
....
....

DATUM:

Gib dich zufrieden.
»Immer nach dem Besten zu suchen, ist das Rezept zum Unglücklichsein. Denn selbst, wenn Sie es gefunden hätten, würden Sie das ja nie sicher wissen.«

PROFESSOR GERD GIGERENZER

MORGENS

Was beschäftigt mich im Moment?

....
....
....

Was ist die eine Sache, die ich heute tun werde, die mich meinem Ziel näherbringt?

....
....
....
....

ABENDS

Das ist mir gelungen:

....
....
....
....
....
....
....
....

Dafür bin ich dankbar (muss nicht unbedingt etwas mit dem Ziel zu tun haben):

....
....
....
....

DATUM: TAGES-IMPULS

»You have the freedom to be the person you want to be.«

DR. KJELL NORDSTRÖM

MORGENS

Was beschäftigt mich im Moment?

....
....
....
....

Was ist die eine Sache, die ich heute tun werde, die mich meinem Ziel näherbringt?

....
....
....
....

ABENDS

Das ist mir gelungen:

....
....
....
....
....
....
....
....
....

Dafür bin ich dankbar (muss nicht unbedingt etwas mit dem Ziel zu tun haben):

....
....
....
....
....

2. TEIL

TAG 74 VON 100

»Ob du glaubst, dass du etwas kannst oder ob du glaubst, dass du etwas nicht kannst – du hast immer Recht.«

HENRY FORD

MORGENS

Was beschäftigt mich im Moment?

....
....
....
....

Was ist die eine Sache, die ich heute tun werde, die mich meinem Ziel näherbringt?

....
....
....
....

ABENDS

Das ist mir gelungen:

....
....
....
....
....
....
....
....
....

Dafür bin ich dankbar (muss nicht unbedingt etwas mit dem Ziel zu tun haben):

....
....
....
....
....

DATUM: TAGES-IMPULS

»Bleibe dir treu! Die größte Tragödie ist, am Ende des Lebens festzustellen, dass wir die ganze Zeit geangelt haben, obwohl wir gar nicht auf Fisch aus waren.«

HENRY DAVID THOREAU

MORGENS

Was beschäftigt mich im Moment?

....
....
....
....

Was ist die eine Sache, die ich heute tun werde, die mich meinem Ziel näherbringt?

....
....
....

ABENDS

Das ist mir gelungen:

....
....
....
....
....
....
....
....

Dafür bin ich dankbar (muss nicht unbedingt etwas mit dem Ziel zu tun haben):

....
....
....
....
....

2. TEIL

DATUM: TAGES-IMPULS

»Es ist besser, einen Tag als Tiger gelebt zu haben, als 1000 Jahre lang als Schaf.«

TIBETANISCHES SPRICHWORT

MORGENS

Was beschäftigt mich im Moment?

....
....
....

Was ist die eine Sache, die ich heute tun
werde, die mich meinem Ziel näherbringt?

....
....
....

ABENDS

Das ist mir gelungen:

....
....
....
....
....
....
....

Dafür bin ich dankbar (muss nicht unbedingt etwas mit dem Ziel zu tun haben):

....
....
....
....

DATUM: TAGES-IMPULS

»Gott gebe mir die Gelassenheit, Dinge hinzunehmen, die ich nicht ändern kann, den Mut, Dinge zu ändern, die ich ändern kann und die Weisheit, das eine vom anderen zu unterscheiden.«

REINHOLD NIEBUHR, EVANGELISCHER THEOLOGE

MORGENS

Was beschäftigt mich im Moment?

....
....
....

Was ist die eine Sache, die ich heute tun werde, die mich meinem Ziel näherbringt?

....
....
....

ABENDS

Das ist mir gelungen:

....
....
....
....
....
....
....
....

2. TEIL

Dafür bin ich dankbar (muss nicht unbedingt etwas mit dem Ziel zu tun haben):

....
....
....
....
....

WOCHE 12

Überraschen Sie sich

Machen Sie in dieser Woche etwas Ungewöhnliches. Überraschen Sie sich selbst. Steigen Sie zum Beispiel am Hauptbahnhof in irgendeinen Zug ein. Fahren Sie zwei Stunden mit und steigen Sie dann aus. Unterwegs schreiben Sie Ihre Gedanken auf und / oder schauen aus dem Fenster. Am Ziel halten Sie sich zwei Stunden auf und tun, was Sie wollen. Machen mindestens ein Foto. Und dann fahren Sie wieder zurück.

Suchen Sie sich eine Aktivität aus, die auch eine Belohnung ist – denn es ist wieder Belohnungszeit!

DATUM: TAGES-IMPULS

»Stress kommt automatisch. Entspannung will bewusst und willentlich erzeugt werden. Dafür braucht man keinen Wellness-Urlaub: Rasenmähen und genügend Schlaf sind ein verdammt guter Anfang.«

MONIKA SCHEDDIN

MORGENS

Was beschäftigt mich im Moment?

....
....
....
....

Was ist die eine Sache, die ich heute tun werde, die mich meinem Ziel näherbringt?

....
....
....
....

ABENDS

Das ist mir gelungen:

....
....
....
....
....
....
....
....
....
....

Dafür bin ich dankbar (muss nicht unbedingt etwas mit dem Ziel zu tun haben):

....
....
....
....

2. TEIL

DATUM: TAGES-IMPULS

»Nimm niemals den Rat von Menschen an, die selbst nichts auf die Reihe bekommen haben.«

BARBARA VON GRAEVE

MORGENS

Was beschäftigt mich im Moment?

....
....
....
....

Was ist die eine Sache, die ich heute tun
werde, die mich meinem Ziel näherbringt?

....
....
....
....

ABENDS

Das ist mir gelungen:

....
....
....
....
....
....
....
....

Dafür bin ich dankbar (muss nicht unbedingt etwas mit dem Ziel zu tun haben):

....
....
....
....
....
....

TAG 80 VON 100

DATUM:

TAGES-IMPULS

»Wenn wir aufhören, das Falsche zu tun, passiert das Richtige ganz von allein.«

COACHINGTHESE

MORGENS

Was beschäftigt mich im Moment?

....

....

....

....

Was ist die eine Sache, die ich heute tun werde, die mich meinem Ziel näherbringt?

....

....

....

....

ABENDS

Das ist mir gelungen:

....

....

....

....

....

....

....

....

....

Dafür bin ich dankbar (muss nicht unbedingt etwas mit dem Ziel zu tun haben):

....

....

....

....

....

....

2. TEIL

TAG 81 VON 100

»Genieße, was du tust und mache die Dinge mit Freude. Wenn das nicht geht, finde heraus, wie du sie mit Freude tun kannst.«

MONIKA SCHEDDIN

☀ MORGENS

Was beschäftigt mich im Moment?

....
....
....
....

Was ist die eine Sache, die ich heute tun werde, die mich meinem Ziel näherbringt?

....
....
....
....

☾ ABENDS

Das ist mir gelungen:

....
....
....
....
....
....
....
....
....

Dafür bin ich dankbar (muss nicht unbedingt etwas mit dem Ziel zu tun haben):

....
....
....
....

DATUM: TAGES-IMPULS

»Finde neue hilfreiche Gewohnheiten. Gewöhne dir langsam aber sicher lästige Gewohnheiten ab, indem du schöne neue Rituale entwickelst: ein Abendspaziergang, drei Seiten am See nach der Arbeit lesen …«

MONIKA SCHEDDIN

MORGENS

Was beschäftigt mich im Moment?

....
....
....

Was ist die eine Sache, die ich heute tun werde, die mich meinem Ziel näherbringt?

....
....
....

ABENDS

Das ist mir gelungen:

....
....
....
....
....
....
....

Dafür bin ich dankbar (muss nicht unbedingt etwas mit dem Ziel zu tun haben):

....
....
....
....

2. TEIL

DATUM: TAGES-IMPULS

»Wer sein Leben so einrichtet, dass er niemals auf die Schnauze fallen kann, der kann nur auf dem Bauch kriechen.«

HEINZ RIESENHUBER, EHEMALIGER BUNDESMINISTER FÜR FORSCHUNG UND TECHNOLOGIE

MORGENS

Was beschäftigt mich im Moment?

....
....
....
....

Was ist die eine Sache, die ich heute tun werde, die mich meinem Ziel näherbringt?

....
....
....
....

ABENDS

Das ist mir gelungen:

....
....
....
....
....
....
....
....
....

Dafür bin ich dankbar (muss nicht unbedingt etwas mit dem Ziel zu tun haben):

....
....
....
....
....

DATUM: TAGES-IMPULS

»Was hinter uns und vor uns liegt, ist beides nichts verglichen mit dem, was in uns liegt.«

RALPH WALDO EMERSON

MORGENS

Was beschäftigt mich im Moment?

....
....
....
....

Was ist die eine Sache, die ich heute tun werde, die mich meinem Ziel näherbringt?

....
....
....
....

ABENDS

Das ist mir gelungen:

....
....
....
....
....
....
....
....
....

2. TEIL

Dafür bin ich dankbar (muss nicht unbedingt etwas mit dem Ziel zu tun haben):

....
....
....
....
....

WOCHE 13

Jetzt noch mal Vollgas geben!
Was wollen Sie in den nächsten drei Wochen noch schaffen?
Was davon steht ganz oben auf Ihrer Prioritätenliste?
Was ist der erste Schritt, den Sie dafür tun müssen?
Wer kann Sie dabei unterstützen?

....

....

....

....

....

....

....

....

....

....

....

....

....

DATUM: TAGES-IMPULS

»Es gibt kaum hoffnungslose Situationen, solange man sie nicht als solche akzeptiert.«

WILLY BRANDT

MORGENS

Was beschäftigt mich im Moment?

....
....
....
....

Was ist die eine Sache, die ich heute tun
werde, die mich meinem Ziel näherbringt?

....
....
....
....

ABENDS

Das ist mir gelungen:

....
....
....
....
....
....
....
....
....

2. TEIL

Dafür bin ich dankbar (muss nicht unbedingt etwas mit dem Ziel zu tun haben):

....
....
....
....
....
....

DATUM: TAGES-IMPULS

»Perfektionismus ist Sinn-Ersatz.«

REBEKKA REINHARD, PHILOSOPHIN

☀ MORGENS

Was beschäftigt mich im Moment?

....
....
....
....

Was ist die eine Sache, die ich heute tun
werde, die mich meinem Ziel näherbringt?

....
....
....
....

☾ ABENDS

Das ist mir gelungen:

....
....
....
....
....
....
....
....

Dafür bin ich dankbar (muss nicht unbedingt etwas mit dem Ziel zu tun haben):

....
....
....
....
....

TAG 87 VON 100

»Wer sich auf seine Präferenzen konzentriert und die Dinge mit Leidenschaft tut, kann Erfolg gar nicht verhindern.«

MONIKA SCHEDDIN

MORGENS

Was beschäftigt mich im Moment?

....
....
....
....

Was ist die eine Sache, die ich heute tun werde, die mich meinem Ziel näherbringt?

....
....
....

ABENDS

Das ist mir gelungen:

....
....
....
....
....
....
....
....

Dafür bin ich dankbar (muss nicht unbedingt etwas mit dem Ziel zu tun haben):

....
....
....
....
....

2. TEIL

TAG 88 VON 100

»Entspannung bringt Handlungsspielraum. Nur wer entspannt ist, hat vollen Zugang zu allen Ressourcen.«

EDITH JOOST-GEHREN

☀ MORGENS

Was beschäftigt mich im Moment?

....
....
....

Was ist die eine Sache, die ich heute tun werde, die mich meinem Ziel näherbringt?

....
....
....
....

☾ ABENDS

Das ist mir gelungen:

....
....
....
....
....
....
....
....
....

Dafür bin ich dankbar (muss nicht unbedingt etwas mit dem Ziel zu tun haben):

....
....
....

TAG 89 VON 100

DATUM: TAGES-IMPULS

»Viel wichtiger als die Dinge richtig zu tun (Effizienz), ist es, die richtigen Dinge (Effektivität) zu tun. Der Schreibtisch ist super aufgeräumt, das Netzwerktreffen hast du dafür nicht geschafft? Die Wohnung ist klinisch rein, für den Kinoabend mit Freunden bist du aber zu erschöpft? Wann bist du effizient, wenn effektiv besser wäre?«

MONIKA SCHEDDIN

MORGENS

Was beschäftigt mich im Moment?

....
....
....

Was ist die eine Sache, die ich heute tun werde, die mich meinem Ziel näherbringt?

....
....
....
....

ABENDS

Das ist mir gelungen:

....
....
....
....
....
....
....
....
....

Dafür bin ich dankbar (muss nicht unbedingt etwas mit dem Ziel zu tun haben):

....
....
....
....

2. TEIL

TAG 90 VON 100

Nur noch 10 Tage

DATUM:

»Jedem Gedanken geht eine Wahrnehmung voraus. Also sorge dafür, dass du Gutes zu gucken, zu fühlen, zu hören, zu riechen und zu schmecken bekommst. Inspiration ist kein Zufall.«

MONIKA SCHEDDIN

MORGENS

Was beschäftigt mich im Moment?

....
....
....
....

Was ist die eine Sache, die ich heute tun werde, die mich meinem Ziel näherbringt?

....
....
....

ABENDS

Das ist mir gelungen:

....
....
....
....
....
....
....
....
....

Dafür bin ich dankbar (muss nicht unbedingt etwas mit dem Ziel zu tun haben):

....
....
....
....
....

DATUM: TAGES-IMPULS

»Wenn du dich andauernd nur schindest, vergisst du sehr bald, dass es so wunderschöne Dinge gibt, wie zum Beispiel einen Bach, der Geschichten erzählt und einen Vogel, der singt.«

NADINE STAIR

MORGENS

Was beschäftigt mich im Moment?

....
....
....
....

Was ist die eine Sache, die ich heute tun werde, die mich meinem Ziel näherbringt?

....
....
....
....

ABENDS

Das ist mir gelungen:

....
....
....
....
....
....
....
....

2. TEIL

Dafür bin ich dankbar (muss nicht unbedingt etwas mit dem Ziel zu tun haben):

....
....
....
....
....

WOCHE 14

Schaffen Sie sich Ihren persönlichen Notfallkoffer

Sie nähern sich dem Ende der 100-Tage-Challenge. Woran werden Sie zuverlässig merken, dass Sie in altes Verhalten zurückfallen? Woran werden es andere merken? Was sind die drei Dinge, die sie dann tun können, um bei der Stange zu bleiben? Ideen finden Sie in unseren Erste-Hilfe-Maßnahmen auf Seite 146.

DATUM: TAGES-IMPULS

»Jeden Tag aufs Neue hast du zwei Möglichkeiten: A) aufstehen und weitermachen wie bisher oder B) Aufstehen und deinen Träumen ein Stückchen näherkommen.«

MONIKA SCHEDDIN

MORGENS

Was beschäftigt mich im Moment?

....
....
....

Was ist die eine Sache, die ich heute tun werde, die mich meinem Ziel näherbringt?

....
....
....

ABENDS

Das ist mir gelungen:

....
....
....
....
....
....
....
....

Dafür bin ich dankbar (muss nicht unbedingt etwas mit dem Ziel zu tun haben):

....
....
....
....

2. TEIL

TAG 93 VON 100

Mach dir bewusst, dass es einen optimalen Zeitpunkt für eine Veränderung nicht gibt. Jedes Mal, wenn du eine Handlung aufschiebst, entfernst du dich ein Stück mehr davon. Und wie kann man sich mental auf ein großes Ziel einstellen? Extremläufer NORMAN BÜCHER hat einen 62-jährigen Mann, der Distanzen von 100 Kilometern und mehr laufen kann, nach seinem Erfolgsgeheimnis gefragt. Seine Antwort: *»Ich laufe nicht 100 Kilometer, sondern einen Kilometer - 100 Mal!«*

MORGENS

Was beschäftigt mich im Moment?

....
....
....
....

Was ist die eine Sache, die ich heute tun werde, die mich meinem Ziel näherbringt?

....
....
....
....

ABENDS

Das ist mir gelungen:

....
....
....
....
....
....
....
....

Dafür bin ich dankbar (muss nicht unbedingt etwas mit dem Ziel zu tun haben):

....
....
....

DATUM: TAGES-IMPULS

»Woher weiß ich, ob meine Entscheidung richtig sein wird? Es gibt keine Fehlentscheidungen«, sagt die Züricher Psychologin MAJA STORCH. Denn, ob eine Entscheidung falsch ist oder nicht, können wir erst im Nachhinein sagen. Im Moment des Entscheidens gibt es gute Gründe dafür. Und jede Fehlentscheidung ist hilfreich. *»Wer eine Garantie will, soll sich einen Toaster kaufen«*, findet die Trainerin FELICITAS HEYNE.

MORGENS

Was beschäftigt mich im Moment?

....
....
....
....

Was ist die eine Sache, die ich heute tun werde, die mich meinem Ziel näherbringt?

....
....
....
....

ABENDS

Das ist mir gelungen:

....
....
....
....
....
....
....
....
....

2. TEIL

Dafür bin ich dankbar (muss nicht unbedingt etwas mit dem Ziel zu tun haben):

....
....
....

TAG 95 VON 100

»Hoffnung ist eben nicht Optimismus, es ist nicht die Überzeugung, dass es gut ausgeht, sondern die Gewissheit, dass etwas Sinn hat – gleich wie es ausgeht.«

VÁCLAV HAVEL, AUTOR UND MENSCHENRECHTLER

MORGENS

Was beschäftigt mich im Moment?

....
....
....
....

Was ist die eine Sache, die ich heute tun werde, die mich meinem Ziel näherbringt?

....
....
....
....

ABENDS

Das ist mir gelungen:

....
....
....
....
....
....
....
....
....

Dafür bin ich dankbar (muss nicht unbedingt etwas mit dem Ziel zu tun haben):

....
....
....
....
....
....

DATUM: TAGES-IMPULS

»Man kann seine Einstellung zu allen vorgegebenen Umständen selber wählen«, so der berühmte Neurologe und Psychologe VIKTOR FRANKL. *»Ein kleiner Teil (10 %) hängt davon ab, was dir passiert. Das meiste jedoch, wie du darauf reagierst (90 %).«*

MORGENS

Was beschäftigt mich im Moment?

....
....
....
....

Was ist die eine Sache, die ich heute tun werde, die mich meinem Ziel näherbringt?

....
....
....

ABENDS

Das ist mir gelungen:

....
....
....
....
....
....
....
....
....

2. TEIL

Dafür bin ich dankbar (muss nicht unbedingt etwas mit dem Ziel zu tun haben):

....
....
....
....
....

TAG 97 VON 100

DATUM: TAGES-IMPULS

»Unsere Seele sucht das Wachsen, die Überraschung, das Erleben. Nicht das Überleben.«

DOROTHEE RÖHRIG

MORGENS

Was beschäftigt mich im Moment?

....
....
....
....

Was ist die eine Sache, die ich heute tun
werde, die mich meinem Ziel näherbringt?

....
....
....
....

ABENDS

Das ist mir gelungen:

....
....
....
....
....
....
....
....
....

Dafür bin ich dankbar (muss nicht unbedingt etwas mit dem Ziel zu tun haben):

....
....
....
....
....
....

TAG 98 VON 100

DATUM: TAGES-IMPULS

»Ein Vogel hat niemals Angst davor, dass der Ast unter ihm brechen könnte. Nicht, weil er dem Ast vertraut, sondern seinen eigenen Flügeln. Verliere nie den Glauben an dich selbst!«

UNBEKANNT

MORGENS

Was beschäftigt mich im Moment?

....
....
....
....

Was ist die eine Sache, die ich heute tun werde, die mich meinem Ziel näherbringt?

....
....
....
....

ABENDS

Das ist mir gelungen:

....
....
....
....
....
....
....
....

Dafür bin ich dankbar (muss nicht unbedingt etwas mit dem Ziel zu tun haben):

....
....
....
....
....
....

WOCHE 15

Geschafft! Ziehen Sie Ihre Bilanz

Was sind Ihre Erfolge (bis jetzt)?

Was hat zu den Erfolgen geführt? Welche Ihrer Stärken, welche Aktivitäten, welcher Unterstützer hat Sie erfolgreich gemacht? (Wir neigen dazu, die Fehler bis ins kleinste Detail zu analysieren und die Erfolge einfach so hinzunehmen. Es ist aber außerordentlich wichtig, dass wir uns das bewusstmachen, was zum Erfolg geführt hat, damit wir beim nächsten Mal auf dieses Wissen zugreifen können!)

Was aus den letzten 100 Tagen wollen Sie beibehalten? Was wollen Sie verändern?

Wo sind Sie über sich selbst hinausgewachsen? Wo sind Sie unter Ihren Möglichkeiten geblieben? Was würden Sie beim nächsten Ziel mit dem Wissen von heute anders machen?

Und ganz besonders wichtig: Wie wollen Sie Ihren Erfolg feiern?

TAG 99 VON 100

DATUM: TAGES-IMPULS

»Ziele sind Träume mit einer Deadline.«

NAPOLEON HILL

MORGENS

Was beschäftigt mich im Moment?

....
....
....
....

Was ist die eine Sache, die ich heute tun
werde, die mich meinem Ziel näherbringt?

....
....
....

ABENDS

Das ist mir gelungen:

....
....
....
....
....
....
....
....

Dafür bin ich dankbar (muss nicht unbedingt etwas mit dem Ziel zu tun haben):

....
....
....
....
....
....

TAG 100 VON 100

Geschafft!

DATUM:

»If you obey all the rules, you miss all the fun!«

KATHERINE HEPBURN

☀ MORGENS

Was beschäftigt mich im Moment?

....
....
....
....

Was ist heute noch zu tun?

....
....
....
....

☾ ABENDS

So fühle ich mich nach dem
100 Tage-Projekt:

....
....
....
....
....
....
....
....

Dafür bin ich heute dankbar (muss nicht unbedingt etwas mit dem Ziel zu tun haben):

....
....
....
....
....
....

Großartig! Applaus! Standing Ovations!

Sie haben es geschafft: Die 100 Tage sind zu Ende. Erfahrungsgemäß sind einige Leser und Leserinnen stramm durchmarschiert, ohne »wenn und aber«, ohne Ausnahmen. Andere haben es etwas lockerer angehen lassen und für die 100 Tage vielleicht ein paar mehr gebraucht. Wie auch immer: Man muss nicht alles können, aber man sollte sich kennen. Mit sich rechnen lernen, denn: So wie man eine Sache macht, macht man meist alles.

Es kommt nicht darauf an, wie schnell man ist, sondern, dass man seine Ziele erreicht.

Jetzt heißt es erst einmal feiern!

Lassen Sie sich selbst hochleben. Belohnen Sie sich, denn Durchhalten ist ein wesentliches Erfolgsmerkmal.

Und kreieren Sie Ihr Belohnungsritual: Nehmen Sie einen Tag frei und machen eine Bergtour, eine Bootstour, Radtour, gehen einen Stück Jakobsweg. Kaufen Sie sich etwas sündhaft Teures von Wert, dass Sie einmal vererben können (also keine Schuhe).

Machen Sie Ihr Nachher-Foto und kleben es ins Workbook. Es soll Sie daran erinnern: 100 Tage Zielarbeit ist geleistet. Was Sie einmal können in einem Bereich, wird Ihnen auch ein weiteres Mal in einem anderen Bereich gelingen.

Gefühle nutzen

Wie fühlen Sie sich? Nehmen Sie sich einen Moment Zeit für diese Frage. Siegreich, einfach klasse, fabelhaft? Oder zufrieden und glücklich? Hat etwas nicht so funktioniert, wie Sie es sich gedacht hatten? Denken Sie vielleicht: »Das kann ich noch besser, alles noch mal auf Start«? Oder haben Sie ein erstes Etappenziel auf einer Marathonstrecke genommen? Seien Sie nicht so kritisch mit sich. Vergleichen Sie sich nicht mit Anderen, sondern vergleichen Sie sich nur mit sich selbst VOR den 100 Tagen. Es ist verrückt, Menschen, insbesondere Frauen können ganz gut fiese Gefühle aus früheren Tagen erneut erleben, gute Gefühle dagegen verblassen schnell. Es ist enorm wichtig, gute Gefühle dauerhaft zu konservieren und bei Bedarf darauf zurückzugreifen. Bitte trainieren.

Meine 3 Gefühle nach dem 100-Tage-Projekt:

....

....

....

Wenn ich mich HEUTE mit einem Wort beschreiben soll, welches wäre es?

....

Wenn ich mich mit einem Wort vor 100 Tagen, also zu Beginn des Projektes, beschreiben soll, welches wäre es?

....

Welche Entwicklung sehen Sie?

....

....

....

Wie geht es jetzt weiter?

....

....

....

Ein herrliches Gefühl, wenn man sich angekommen wähnt. Barbara und ich kennen es sehr gut. Ob im Job oder nach einer Diät zu sagen: Tschakka, geschafft!!! Das ist großartig! Genau dort will man bleiben. Doch genau wie im Sport heißt es für Sie und für uns immer wieder: Titel verteidigen, denn das Leben serviert uns immer wieder neue Rätsel und Herausforderungen, gepaart mit Champagner und Vanilleeis.

Fünf finale Tipps

1. Halten Sie das Neue, Erreichte noch weitere 900 Tage durch, dann ist es wirklich von Dauer. Es braucht ca. 100 Tage um Neues zu erreichen und insgesamt 1.000 Tage, um es zu einer unveränderlichen Tatsache zu machen.

2. Definieren Sie schon heute: Woran würde ich zuverlässig erkennen, dass ich wieder im alten Fahrwasser bin? Was sind die drei Dinge, die ich tun kann, damit ich wieder auf Spur komme und die mich zurück ins Spiel bringen? Eine Tatsache sei schon einmal verraten: Es ist häufig der Stress, der uns einflüstert, nicht genügend Zeit oder Priorität für unser Ziel zu haben. Lassen Sie es nicht zu und tun Sie weiterhin jeden Tag eine Sache für Ihr Ziel (möglichst vor der Mittagspause, vielleicht sogar schon morgens).

3. Glücklich sein ist nie das Ziel. Es ist immer der Weg. Verhalten Sie sich so, als wären Sie schon da, wo Sie sein wollen und leben damit Schritt für Schritt in Ihre neue Realität hinein.

4. Mindestens ein Mal pro Jahr ein Arbeitsurlaub.
Also ein Urlaub, um zu arbeiten.
Schon vier Tage reichen aus.   Siehe:

5. Verbünden Sie sich mit positiven Gleichgesinnten zum Erfahrungsaustausch. Treffen Sie sich vierteljährlich und berichten offen, was Ihnen gelungen ist und wo Sie noch Unterstützung benötigen. Gründen Sie eine kleine Gruppe oder schließen Sie sich an eine bestehende an. Monika Scheddin leitet z.B. drei Mal jährlich in München und in Frankfurt den Inspiration Circle. Vielleicht gönnen Sie sich aber auch einmal im Quartal oder einmal im Jahr ein Coaching.

Notfallkoffer

Sind Sie schon einmal vom Pferd gefallen? Zumindest im übertragenen Sinne? Hier haben wir ein paar Sofortmaßnahmen für Sie zusammengestellt, die Sie wieder auf die Spur bringen. Und wir haben noch etwas Platz gelassen, damit Sie Ihre eigenen Erfahrungswerte ergänzen können.

📷 Fragen Sie Ihren persönlichen Beraterstab (siehe Wochenimpuls Nr. 4), einzeln oder in einer Vollversammlung

📷 Machen Sie sich bewusst, was Sie bis heute schon alles erreicht haben. Schreiben Sie dazu alle Punkte auf, die Ihnen in den Sinn kommen.

📷 Schauen Sie sich Ihre Ziel-Collage genau an und rufen Sie Stimmung und Gefühle hervor, die Sie haben werden, wenn Sie Ihr Ziel erreicht haben.

📷 Sagen Sie sich »Gut ist gut genug« – Sie müssen nicht alle Aufgaben in Sachen Zielerreichung in Perfektion erledigen. 80% sind auch ok!

📷 Überlegen Sie, wo Sie es sich einfacher machen können. Legen Sie sich zum Beispiel dieses Buch neben das Bett und schreiben Sie sofort nach dem Aufwachen hinein. Platzieren Sie Ihre Laufsachen an der Wohnungstür, damit Sie nicht erst alles zusammensuchen müssen. Schaffen Sie sich kleine Rituale, die Sie gut in Ihren Alltag integrieren können, ohne dass es viel Mühe kostet.

📷 Rufen Sie sich Ihr »Warum« in Erinnerung.

📷 Falls Trotz ein guter Treiber für Sie ist – und nur dann –, schreiben Sie alle Gründe auf, weshalb Sie Ihr Ziel NICHT erreichen werden. Oder rufen Sie Ihre Mutter an, um sich deren Bedenken und Sorgen in Bezug auf Ihr Vorhaben erzählen zu lassen. Und dann ballen Sie die Fäuste und rufen sehr laut: »UND JETZT ERST RECHT!« Vielleicht erst, nachdem Sie aufgelegt haben.

📷 Fragen Sie sich, welchen Preis Sie zahlen, wenn Sie jetzt aufgeben.

📷 Lassen Sie sich helfen. Was auch immer Sie jetzt brauchen – wen können Sie treffen, der Sie zuverlässig wieder auf Spur bringt?

📷 Nutzen Sie unsere Ketten-Grafik auf der Umschlagklappe. Kreuzen Sie ab jetzt jeden Tag ein Glied der Kette an. Genießen Sie, wie die Kette immer länger wird. Lassen Sie die Kette nicht abreißen!

📷 Sorgen Sie für »guten Umgang«. Lassen Sie jetzt nicht die Bremser und Miesmacher zum Zug kommen. Auf ein »Das hab' ich dir ja gleich gesagt« können Sie gut verzichten. Umgeben Sie sich mit Unterstützern und Energetisierern, die Sie – gerade jetzt – anfeuern!

📷 ....

....

📷 ....

....

📷 ....

....

Woran es liegen kann, dass Sie Ihr Ziel nicht erreicht haben

Sie haben es nur noch nicht erreicht. Oder haben Sie es schon aufgegeben? Geben Sie sich eine kleine Zugabe, ein neues realistisches Zeitmaß für Ihre Zielerreichung. Einen Marathon läuft man nicht nach 100 Tagen Training (zumindest raten wir dringend davon ab), aber die fünf Kilometer in unter 30 Minuten schaffen viele von uns ganz locker. Die Schulfranzösisch-Kenntnisse für den nächsten Urlaub aufzupolieren, klappt sicherlich auch in 100 Tagen, von Null auf verhandlungssicheres Englisch eher nicht. Deshalb: Trödeln Sie nicht, aber setzen Sie sich auch keine unrealistischen Zeitziele. Planen Sie Hindernisse und Verzögerungen ein. Lassen Sie sich nicht von Ihrem Weg abbringen.

Es ist in Wirklichkeit überhaupt nicht Ihr Ziel. Vielleicht waren es Ihre Eltern, die Sie als Arzt oder Lehrerin gesehen haben. Oder Sie versuchen, einem gesellschaftlich legitimierten Bild zu entsprechen, von dem Sie selbst gar nicht überzeugt sind. Wollten Sie etwa Führungskraft werden, weil es der nächste logische Schritt ist, insgeheim nerven Sie aber die ständigen Störungen der Mitarbeiter und Sie würden viel lieber Fachexpertin sein? Versuchen Sie, Klarheit darüber zu gewinnen, woher der Wunsch kam, dieses Ziel anzugehen. Die Antwort auf die »Warum-Frage« liefert hier oft erste Anhaltspunkte, weil Sie dem »Ziel hinter dem Ziel« auf den Grund gehen.

Ihnen fehlen gute Vorbilder. Also Menschen, die schon da sind, wo Sie noch hinwollen. Denn Vorbilder zeigen uns Wege und Möglichkeiten auf, sie sind Inspiration und Ermutigung. Falls Sie also nicht komplettes Neuland betreten wollen, wo noch nie ein Mensch zuvor gewesen ist, dann suchen Sie sich Vorbilder, an denen Sie sich orientieren können. Und wenn möglich nehmen Sie Kontakt zu ihnen auf und lernen Sie sie kennen! Aber Achtung: Seien Sie gnädig. Ein Vorbild muss nicht passen wie ein Handschuh. Gestehen Sie Ihren Vorbildern Macken und Fehler zu.

Es gibt etwas anderes, das Sie mehr wollen. Werden Sie sich über Ihre Prioritäten klar. Vielleicht müssen Sie zuerst das andere Ziel angehen oder erreichen, bevor Sie sich auf das nächste konzentrieren können.

Sie sind nicht unzufrieden genug. Erst wenn der Leidensdruck uns wirklich zwickt, entwickeln viele von uns ausreichend Motivation, um ihre Situation zu ändern.

Sie können einfach nicht wollen. Das kurzfristige Vergnügen macht Ihnen einfach mehr Spaß als Selbstdisziplin und Durchhaltevermögen. Die Vernissage, der Kinobesuch, die Party, eine freie Eintrittskarte fürs Rockkonzert, ein Freundinnen-Wochenende auf Mallorca – zu viele Verlockungen, die gegen die gewünschte wöchentliche Kolumne sprechen. Und man hat ja schließlich nur ein Leben …

Es fehlen Ihnen Verbündete, die den Weg mit Ihnen gemeinsam gehen. Niemand hat behauptet, dass Sie es ganz allein schaffen müssen. Sie können sich zum Beispiel helfen lassen von Freunden, Kollegen, Mentoren, Coaches, Personal Trainern, Technik und Tools, Partnern, Vorgesetzten, Netzwerken, Mastermindgruppen … Die meisten von uns wissen genau, wen sie in ihrem Umfeld um Unterstützung bitten können. Sei es durch regelmäßigen Austausch, Rat, Kontakte, eine Extraportion Motivation, wenn alles zu schwer scheint. Ideen und Impulse, Feedback, oder die einfach mal ein Bier mit ihnen trinken gehen, damit Sie sich eine Pause gönnen. Was auch immer Sie brauchen, suchen Sie sich am besten mehrere Verbündete, die Sie begleiten. Achten Sie dabei darauf, sich mit Energiequellen zu umgeben, nicht mit Miesmachern und Energievampiren!

Sie haben noch einige Miesmacher am Start. Versuchen Sie zu benennen, um wen oder was es sich dabei handelt – manchmal handelt es sich ja »nur« um die eigene innere Stimme. Hören Sie sich deren Argumente wohlwollend an und bewerten Sie sie dann für sich. Lassen Sie dabei auch nicht außer Acht, von wem die Botschaft kommt. Die eigene Mutter ist in Karriere-Dingen oft kein guter Ratgeber, weil sie ihr Kind vor allem möglichen bewahren will. Auch vor strengen Chefs, neidischen Kollegen oder den Risiken des Scheiterns. Und dann entscheiden Sie, ob Sie die »Miesmacher-Argumente« für sich gelten lassen wollen – oder eben nicht. Und bleiben Sie dabei.

Es gibt eine wichtige Aufgabe, die vorher dran ist, z.B. die Pflege eines kranken Familienmitglieds. Die meisten von uns neigen dazu, sich zu viel auf einmal vorzunehmen. Dann stehen mehrere Ziele in Konflikt miteinander – das kann nicht funktionieren. In diesem Fall ziehen Sie das, was nicht warten kann, vor und sagen Sie sich: aufgeschoben ist nicht aufgehoben. Legen Sie sich Ihren Wunsch oder Ihr Ziel in Ihre »Schatzkiste« – beschriftet mit einem neuen Erfülldatum. Also quasi ein positives Verfallsdatum. Nutzen Sie gerne dazu die Erinnerungsfunktion bei Outlook & Co.

Wer will, findet Wege.
Wer nicht will, findet Ausreden.

Schreiben Sie uns!

Barbara und Monika freuen sich schon heute auf Ihre Erfolgsgeschichten, auf lustige oder nachdenkliche Scheiterhaufen-Momente, auf Ihre Fragen und Anregungen. 100Tage-Feedback@Marie-von-Mallwitz-Verlag.de

Wir wünschen Ihnen ganz viel Freude auf Ihrem Weg.
Ganz viele Lernerfahrungen. Machen Sie die Welt ein kleines bisschen besser, einfach, weil Sie Sie sind. Und wenn Sie dieses Arbeitsbuch gemocht haben, freuen wir uns, wenn Sie andere Menschen bei der Verwirklichung ihrer Träume unterstützen. Vielleicht, indem Sie ihnen dieses Buch schenken oder empfehlen. Oder mit ganz konkreter Hilfestellung. Oder einfach mit beidem.

Und jetzt: **Feiern Sie und lassen Sie es krachen!**

Ihre 100-Tage-Coaches

Barbara von Graeve und Monika Scheddin

Regelmäßig neue Impulse:
www.scheddin.com/blog

Sich selbst feiern und anfeuern lernen:
Amy Cuddys TED Talk »Body language shapes who you are«, zu sehen via Youtube

Zum Dranbleiben und Weitermachen:
HIRNI® – das kreative Schreibjournal mit Coaching-Inspirationen

Business Clubs, in denen Frauen sich gegenseitig unterstützen, z.B.
www.womans.de (Monika Scheddin)
www.ladiesmentoring.com (Barbara von Graeve)

Professionelles Coaching
Z.B. bei Monika Scheddin, www.scheddin.com

Bücher aus dem Marie von Mallwitz Verlag:
www.marie-von-mallwitz-verlag.de

»Ich würde den 100-Tage-Praxisguide jeder und jedem empfehlen, der den Wunsch hat, dem eigenen Leben eine Wendung zu geben. Es bestärkt und hilft, den Fokus zu behalten.«

Evelyn Dieckmann

»Ich habe schon einige Ziele erreicht und Erfolge eingefahren, deshalb waren gerade diese 100 Tage mit dem Praxisguide erfrischend spielerisch und meditativ. Ich bin sicher, dass ich das eine oder andere langfristig zu meinem machen werde.«

Timo Pregler, IUBH, Internationale Hochschule München

»Ich mache meinen ersten Eintrag in das Arbeitsbuch ›Das schaffst du locker!‹ und bin hoch motiviert – dann aber sehr irritiert, als ich 3 Wochen später mein Ziel aufgrund äußerer Umstände nicht mehr weiterverfolgen kann. Und jetzt? Einige Tage liegt das Buch brach – dann ist mir klar: Kurskorrekturen gehören zum Leben. Mein Buch passt sich meinen Umständen und Zielen an. Und die erreiche ich auch – manchmal mit „Sidesteps" und nicht immer ganz „locker" – aber ich bleibe mir und meinem Arbeitsbuch treu! Danke!«

Angela Jacobsen, Oracle Deutschland

»Dass ich kreativer Chaot es schaffe, 100 Tage am Stück jeden Tag an meinem Buch zu arbeiten, hätte ich nicht gedacht. Es ist nicht fertig, aber inzwischen vorzeigbar. Es wird! Danke für das an-die-Hand-nehmen!«

Carlos

›Das schaffst du locker!!‹ hat mich die letzten Monate begleitet und gleich bei mehreren Zielen unterstützt. Mit den Stärken und Supportern zu arbeiten finde ich super. Und die tägliche Dankbarkeitsnotiz ist wunderbar hilfreich dafür, die Fülle in meinem Leben sichtbar und fühlbar zu machen und für mehr Zufriedenheit zu sorgen.«

Tina Meier, Dranbleib-Expertin und Rallye Dakar Finisherin